Et à votre avis...?

Et à votre avis...?

Jeanne Rolin-Ianziti
University of Queensland

Brian N. McCarthy
University of Wollongong

Janine Spencer
Northwestern University

Holt, Rinehart and Winston, Inc.

Fort Worth	Chicago	San Francisco
Philadelphia	Montreal	Toronto
London	Sidney	Tokyo

Publisher   *Ted Buchholz*
Senior Acquisitions Editor   *Jim Harmon*
Developmental Editor   *Barbara Lyons*
Production Manager   *Annette Dudley Wiggins*
Design Supervisor   *Serena Barnett-Manning*
Cover Design   *Turtel Onli*
Text Design   *York Production Services*
Text Illustrations   *York Production Services*
Photo Research   *Judy Mason*
Editorial, Design & Production   *York Production Services*

Library of Congress Cataloging-in-Publication Data

Rolin-Ianziti, Jeanne.
    Et à votre avis—?/Jeanne Rolin-Ianziti, Brian N. McCarthy,
Janine Spencer.
        p.   cm.
    English and French.
    Includes bibliographical references and index.
    ISBN 0-03-026304-2
    1. French language—Textbooks for foreign speakers—English.
I. McCarthy, Brian, 1947.   II. Spencer, Janine.   III. Title.
PC2129.E5R65   1991   90-22929
448.2'421—dc20   CIP

ISBN 0-03-026304-2

1 2 3 4   085   9 8 7 6 5 4 3 2 1

Holt, Rinehart and Winston, Inc.
The Dryden Press
Saunders College Publishing

Préface

Et à votre avis...? is designed to bridge the gap between traditional intermediate French courses and more advanced French classes. It can be used alone or with a grammar textbook in the fourth or fifth semester depending on the pace and focus of a particular language program. Its general purpose is to develop linguistic skills by encouraging the learner's active participation and to foster an awareness of the cultural reference which forms an integral part of the language. It is based upon authentic interviews and documents and contains a wide range of exercises to be done at home by students and activities to be performed in class in a workbook format. It is assumed that students have previously reviewed the structure of the language or have otherwise become familiar with most of the basic grammar, thus formal explanation of grammatical points and grammar exercises have not been incorporated in the text. Glossing of vocabulary and cultural items is limited to the essentials in order to encourage students to make greater use of reading strategies and basic reference sources.

Material

The book is based upon authentic material. Nothing has been written specifically for foreign language students. In order to ensure exposure to different levels of speech and accents, the listening comprehension material includes interviews conducted with French speakers from various social and regional backgrounds. The reading passages, offering a broad sample of styles, are drawn from a variety of sources: newspapers, magazines, brochures, consumer guides, learned reviews, sociological studies, literary works...

Each of the ten dossiers included in this book is planned around a theme on which the listening, speaking, reading and writing exercises are based. We have sought out themes to match the specific needs and interests of university students by selecting topics common to the experience of both French and English-speaking students. Such common interests lie, for example, on issues facing modern societies: the dossier *Tu te sens français ou algérien?* is on immigrants; *Pourquoi cette spécialité en médecine?* is on health and the aging population; *Est-ce que tu peux me donner des exemples concrets de la guerre conjugale?* deals with man-woman relationships. However, some topics are mainly of French concern. The dossier *Combien d'hectares avez-vous?*, focusing on agriculture and the European Economic Community, aims at developing an awareness of some geographical and economic aspects of France. *Est-ce que vous pouvez expliquer ce que c'est qu'un bon camembert?* is on gastronomy, a more traditional aspect of French culture. Finally there is a category of dossiers which call upon experiences common to most university students: *En quelle classe tu es?* (education), *Quel sport tu fais?* (sport), *Ça sert à quoi un Minitel?* (computers and gadgets), *Qu'est-ce que vous vendez à la FNAC?* (shopping, reading and hobbies), *Ah, vous êtes flic?* (jobs).

As the textbook is composed of a series of theme-based authentic documents, each dossier can stand on its own. We have, however, arranged the *Table des Matières* according to the difficulty of the interviews and the tasks to be performed by the students.

Aim of the Exercises and Structure of the Dossiers

The aim of the exercises is twofold:

1. to help the learner attain a better understanding of the oral and written material through a wide range of exercises.

2. to improve the learner's productive skills through a variety of controlled tasks, and stimulate him/her to speak and write through a greater number of freer communicative activities.

There are ten dossiers or chapters in this book. Each dossier contains five sections:

I. An opening section, *Préparation à l'écoute*, introduces the subject matter of the interviews and of the overall dossier and aims at providing students with some expectations concerning the content.

II. The listening *Compréhension* section, based on the interview, is designed to develop listening skills and expose students to structures needed to reach higher levels of linguistic competence.

III. The *Pratique de la langue* includes an important vocabulary section and occasionally questions on features of the spoken language encountered in the interview.

IV. The *Sensibilisation culturelle* section, based on additional written material, aims at developing reading skills.

V. The final section, *Production libre*, focuses on production, oral and written. Its activities are designed to promote interaction and to encourage creativity and the expression of personal opinions.

How to use the book

Each dossier contains work for two weeks for a class that meets three hours per week. Whereas some exercises are designed for independent work outside of class, others provide work for communication between students during class time.

I. Préparation à l'écoute

This introductory section is to be done in class in small groups or individually prior to the global comprehension section (IIA); subsequently, the answers to the exercises can be discussed with the whole class.

II. Compréhension

A. Global
The first exercise in this section (Exercise A) is designed to be done in class. Students are asked to listen to the whole interview once only and to answer a few general questions on its content. The questions are discussed afterwards by the whole class.

B. Progressive
All other exercises contained in the section *Compréhension* are to be done independently outside of class in the lab or at home with the cassette. Group work or collaboration is encouraged. The last exercise, which involves a summary or a "reconstruction collective" of the overall interview, is to be used as a basis for discussion and correction in class. In order to promote

spontaneous contributions, this discussion should take place without reference to either the cassette or the students' written work. The teacher can choose to evaluate either all of the exercises or only the last one. The interview is to facilitate comprehension, first by identifying the meaning of key words, and then by reconstructing the context of the interview through completion items (sentences, tables) and multiple choice or other questions.

III. Pratique de la langue

The exercises in this section can either be done in class or, preferably, prepared at home and quickly checked in class. Vocabulary extension exercises are developed in some dossiers to enable students to have meaningful interaction in the final free-speaking section. Depending on the types of speech characterizing the interview, other exercises may involve recognizing the oral features of the language and contrasting spoken with written forms.

IV. Sensibilisation culturelle

The material in this section should be read **at home** and the questions can either be discussed in class or evaluated by the teacher. The questions may involve understanding of the facts and the ideas reported in the text.

V. Production libre

This section promotes both speaking and writing.

A. Speaking activities provide a basis for oral classwork. They include: *débat, exposé, récit, portrait, simulation d'émissions de radio ou de télévision, enquête dans et en dehors de la classe, jeu de rôle.* Some oral activities (individual or small group) can be recorded in the lab or at home, and presented in class or evaluated by the teacher.

B. Writing activities involve small group work to be done in class or major written assignments which are to be prepared at home. These include: *résumés d'enquêtes ou d'articles, rédaction de récits ou de lettres, transpositions de dialogues.*

One of the major features of *Et à votre avis...?* is its flexibility. It is not necessary to do all sections or exercises. The teacher, alone or with the students, may decide which skill the class needs to develop and which section to emphasize. The listening comprehension can be used in conjunction with another textbook as supplementary material, or can be omitted in a conversation/composition course. Also, if the class needs more grammar, a grammar text and workbook can be used along with *Et à votre avis...?* In addition, some exercises require the consultation of the French-French dictionary *Le Micro-Robert.* It is hoped that students will develop the habit of consulting dictionaries, encyclopedias, and other reference material.

Note to the instructor

The *Instructor's Manual* contains practical and helpful hints, including transcriptions of the interviews and suggested answers to the exercises. (Some questions are intentionally open in order to stimulate discussion between students. In these cases, only one of many possible answers has been given.) Additional exercises for further practice of important linguistic features of the reading material are provided.

Acknowledgments

We would like to thank the following reviewers who provided us with insightful comments and constructive criticism for improving our test:

Nathaniel E. Dubin, St. John's University
Jacques F. Dubois, University of Northern Iowa
Jacqueline C. Elliott, The University of Tennessee, Knoxville
Nancy Sloan Goldberg, Middle Tennessee State University
Lewis Kirk Hagen, University of California, Los Angeles
Rebecca K. King, Eastern Kentucky University
Anne-Marie Poinsatte, Indiana University at South Bend
Jean Marie Schultz, University of California, Berkeley
Virginia León de Vivero, Indiana State University

Literary Credits

We wish to thank the authors, publishers, and holders of copyright for their permission to use the reading materials in this book.

"D'abord fixée de 6 à 13 ans... et des agrégations" from *France*, (c) La Documentation Française, 1984, pp. 107–111.

"Ça y est! Le cours que j'ai séché!" and "J'étais un cancre..." from *50 millions de Consommateurs*, magazine of the Institut National de la Consommation, série No. 23, "Orientation scolaire," pp. 41 and 51.

"Les horaires au collège" from *50 millions de Consommateurs*, Magazine of the Institut National de la Consommation, série No. 23, p. 31.

"Le code secret" plus two drawings from *Le Petit Nicolas et les copains*, Sempé, J. J. and Goscinny, R. © by Editions DENOEL.

La chasse à la "Piaule" from *Figaro-Magazine*, September 3, 1988.

"Leïla, les deux cultures" from *Le Monde Dimanche*, June 27, 1982, p. 8, reprinted by permission of *Le Monde Dimanche*.

Sondage, "De grands et gros lecteurs" from *L'étudiant*, No. 63, April 1986, pp. 36 and 37, reprinted by permission of *L'étudiant*.

Christian Guy, "Un appétit légendaire" from *Histoire de la Gastronomie en France*, 1985, © Nathan Editeur.

"25 fromages de base" from "Le repas fromage" reprinted by permission of Photo SOPEXA.

Brochure from *Jeux de la XXIe Olympiade, Montréal 1976*, reprinted by permission of Ministère des Communications, Québec.

"Volleyball" from *Jeux de la XXIe Olympiade, Montréal 1976*, reprinted by permission of Ministère des Communications, Québec.

"Un bon jogger doit savoir jogger... bien chaussé" from *Figaro Magazine*, November 21, 1987.

Antoine Richard, "Jeux Olympiques: amateurs, s'abstenir" from *Le Point*, No. 834, September 12, 1988, p. 56. Text reprinted by permission of *Le Point*.

"Les carrières de la police nationale" from *Police Nationale*, reprinted by permission of Ministère de l'Intérieur —Bureau du Recrutement de la Police Nationale.

"Paris et les trois départements périphériques" from *Liaisons*, No. 229, January–February 1977, p. 4, reprinted by permission of *Liaisons* magazine, Paris.

"L'échelle des revenus" from *Les vrais salaires des Français*, *L'Obs Economie*, January 8–14, 1988, p. 57, © Le Nouvel Observateur.

"Ces jobs que l'on dit bizarres" from *L'Obs Economie*, January 8–14, 1988, p. 51, © Le Nouvel Observateur.

Cartoon: "Sécheresse en France" from *On vit une époque formidable*, Editions du Square, Folio 1005, p. 104, Editions Gallimard.

J. C. Hinnewinkel and J. M. Sivirine, Map of the C.E.E. from *Géographie*, 1985, p. 41, reprinted by permission of Nathan Editeur.

Marcel Pagnol, "Le lendemain matin..." from *Jean de Florette* reprinted by permission of Jacqueline Pagnol.

Table des matières

Et à votre avis...?

1

En quelle classe tu es?

I. Préparation à l'écoute

*La culture ne s'hérite pas,
elle se conquiert
(... et) ne connaît
que des nations fraternelles.*

André Malraux

D'abord fixée de 6 à 13 ans, la durée de la scolarité obligatoire a été prolongée jusqu'à 14 ans, puis en 1959 jusqu'à 16 ans. L'extension des écoles maternelles a permis une pré-scolarisation facultative bien avant 6 ans. L'enseignement public est gratuit dans le primaire et le secondaire ; les droits d'inscription sont modiques dans le supérieur...

Par ailleurs, la liberté de l'enseignement reconnue par la Constitution, permet l'existence d'un enseignement privé (catholique à 95 %) soit sous contrat avec l'État soit totalement indépendant. Les contrats avec l'État assurent la rémunération des personnels enseignants et allouent une somme forfaitaire par élève.

L'école maternelle : de 2 à 6 ans

Elle n'est pas obligatoire mais le taux de scolarisation est de 30 % pour les enfants de 2 à 3 ans, de 80 % pour les 3-4 ans et de 90 % pour les 4-5 ans.

Les méthodes pédagogiques, très renommées, associent des activités d'éveil, des travaux manuels, une initiation à la vie de groupe. L'apprentissage de la lecture n'est commencé qu'en dernière année.

L'école primaire : de 6 à 11 ans

Obligatoire, le cycle dure 5 ans, du cours préparatoire au cours moyen de deuxième année et s'attache à l'apprentissage de la lecture, de l'écriture, du calcul et à l'éveil à la connaissance. Les enseignants sont recrutés par concours et formés en trois ans dans les écoles normales d'instituteurs.

Élèves dans la cour du Lycée Henri IV à Paris

Le collège : de 11 à 15 ans

Les collèges accueillent, pour quatre ans, de la sixième à la troisième, tous les élèves ayant achevé une scolarité primaire... L'organisation actuelle repose sur la division en dix matières enseignées par des professeurs le plus souvent différents.

Le lycée : de 15 à 18 ans

Il existe deux types de lycées. Les lycées d'enseignement général (2e cycle long de l'enseignement secondaire) et les lycées d'enseignement professionnel (2e cycle court), tous deux gérés, depuis les lois de décentralisation, par les régions.

La classe de terminale est sanctionnée par l'un des huit baccalauréats auxquels l'élève peut se présenter.

Les universités

Depuis la fin de 1968, les universités, qui sont chargées d'une double mission d'enseignement et de recherche, bénéficient d'une large autonomie qui vient d'être réaffirmée par la loi du 24 janvier 1984.

Pour entrer à l'université, l'étudiant français doit être titulaire du baccalauréat ou avoir réussi un examen spécial. L'étudiant étranger est admis sur équivalence.

Les études sont divisées en trois cycles. Le premier qui dure deux ans, est sanctionné par un diplôme d'études universitaires générales (DEUG). La licence et la maîtrise sanctionnent les deux années du 2e cycle. Le troisième cycle, consacré à la recherche, est celui des doctorats et des agrégations.

A. Regardez les documents à la première page et complétez le tableau suivant à partir des renseignements donnés dans le texte. Indiquez:

1. dans les cases blanches verticales, le nom de chaque école (l'école maternelle…).

2. dans les cases horizontales, le nom de chaque année scolaire (lorsqu'il n'est pas inscrit) et le nom des diplômes que l'on peut obtenir.

3. sur l'axe vertical des âges, l'âge des élèves pour chaque école.

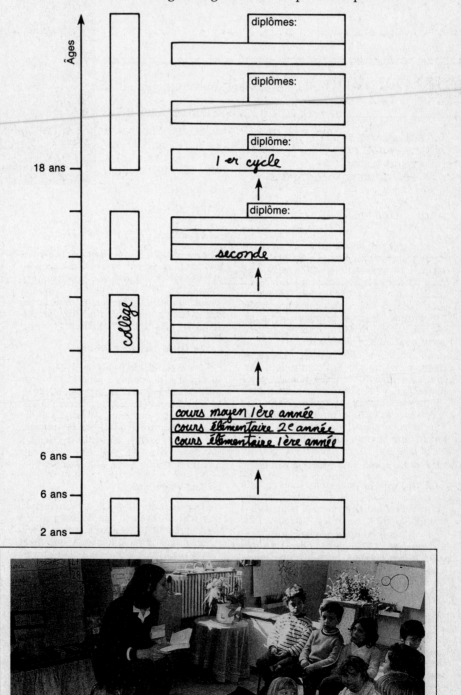

«Soyez bien sages et écoutez!»—heure de la lecture à l'école maternelle

B. **Prédictions**

Dans la section **Compréhension,** vous allez entendre des enfants et des adolescents qui parlent de leurs activités scolaires. Vous vous attendez à ce qu'ils / elles parlent de quoi? Faites une liste d'au moins six points.

1. **les «profs»**

2. _____

3. _____

4. _____

5. _____

6. _____

II. Compréhension

A. Ecoutez l'interview une seule fois en entier.

1. Combien d'écoliers (-ères) sont interviewé(e)s? _____

2. Mentionnez au moins deux choses dont parlent les élèves et que vous aviez prédites dans la question 2 de la section **Préparation à l'écoute.**

a. _____

b. _____

B. Réécoutez toutes les interviews et complétez le tableau suivant:

Prénom	Aurélie		
Age			
Classe			
Ecole fréquentée (voir Préparation à l'écoute)			
Diplôme à passer ou classe où entrer l'année suivante			
Matières étudiées	– – – – – – –	– – – – – – –	– – – – – – –
Matières où il/elle est bon(ne)			
Matières où il/elle est mauvais(e)			
Opinions sur les profs			

C. Réécoutez l'interview de Cécile (l'interview 2) du début jusqu'à **«avant un bus.»**

1. Sur le plan de Paris reproduit ci-dessous, entourez d'un cercle l'arrondissement où habite Cécile. Puis indiquez d'une flèche l'arrondissement où se trouve le lycée La Fontaine.

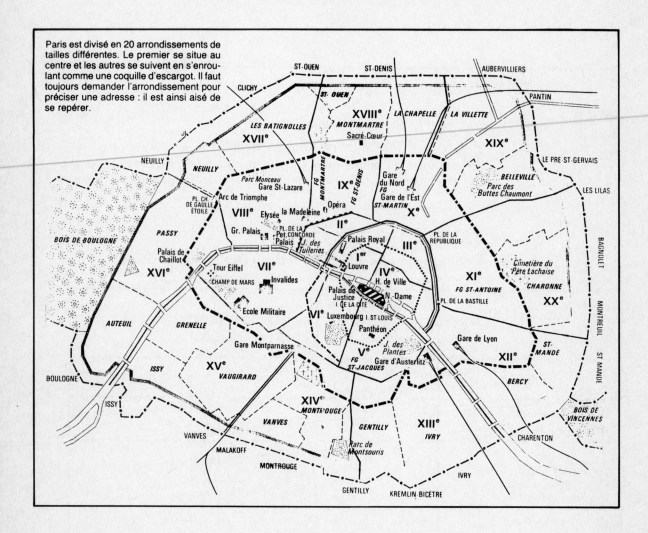

Paris est divisé en 20 arrondissements de tailles différentes. Le premier se situe au centre et les autres se suivent en s'enroulant comme une coquille d'escargot. Il faut toujours demander l'arrondissement pour préciser une adresse : il est ainsi aisé de se repérer.

2. Pour expliquer comment Cécile va à l'école, précisez:

a. la durée de son trajet: _____

b. les moyens de transport qu'elle utilise:

elle prend d'abord _____

puis _____

D. Ecoutez toujours l'interview de Cécile de **«et dis-moi dans ton lycée»** jusqu'à **«voilà.»**

1. D'après ce que dit Cécile, comment sont les gens qui habitent dans le 16ᵉ? (Relevez deux adjectifs.)

_____

2. Et comment sont leurs enfants? (Relevez deux ou trois mots.) _____

_____

3. Au lieu de **oui,** Cécile utilise un autre petit mot pour confirmer ce que dit l'interviewer. Lequel? _____

E. Continuez à écouter l'interview de Cécile jusqu'à «**sur les tables. Voilà.**»

1. Identifiez sur la bande les mots de la colonne de gauche, puis faites correspondre chaque mot de la colonne de gauche à son synonyme ou à sa définition dans la colonne de droite.

1. discipline   a. punition qui oblige l'élève à rester au lycée après les heures de cours
2. règlements
3. colle   b. saletés
4. renvoi   c. expulsion d'un élève
5. «cochonneries» (familier)   d. ensemble de règles que les élèves doivent respecter
    e. prescriptions, règles

2. Trouvez un verbe qui signifie **détériorer:** _____

Assurez-vous que vous comprenez bien les mots ci-dessus (E.1. et 2.) avant de répondre aux questions suivantes.

3. Inscrivez dans les colonnes suivantes les exemples d'infraction (transgression) aux règlements que Cécile cite et donnez la punition correspondante. (Donnez un verbe à l'infinitif.)

Infraction aux règlements	*Punition*
1. _____	_____
2. _____	_____

F. Réécoutez dans l'interview de Simon (l'interview 3) le passage où il parle du bac, de «**en quelle classe tu es**» jusqu'à «**oui je pense.**»

1. Trouvez un verbe qui signifie **recommencer** une classe: _____

2. Dans le contexte de ce passage, l'expression **c'est embêtant** signifie:

c'est stupide, bête   ☐

c'est inquiétant, contrariant   ☐

c'est fastidieux, endormant   ☐

3. Il y a beaucoup de **si** dans la vie de Simon! Complétez les phrases suivantes, en indiquant ce qu'il fera (utilisez le futur), **si...**

a. Si tout se passe bien, il _____

dans _____

b. Si les choses se passent mal, il _____ la classe

de _____ ou de _____

c. S'il passe son bac, il _____

d. S'il échoue à son bac, il ne _____

III. Pratique de la langue

Vocabulaire

1. Indiquez à l'aide de flèches les activités que font les élèves (colonne de droite) dans les lieux énumérés dans la colonne de gauche. Puis dites-le oralement au présent et à la troisième personne.

Modèle   **Ils écoutent l'instituteur dans la salle de classe.**

le dortoir	écouter l'instituteur
l'atelier	faire du bricolage
la cantine	faire ses devoirs
la salle de classe	s'amuser, se délasser, jouer au ballon
la cour de récréation	jouer les jours de pluie
la salle d'études	déjeuner à midi
le préau	dormir tous ensemble

2. Faites la même chose pour les étudiants. Que font-ils? Où?

l'amphithéâtre	écouter des cassettes
la bibliothèque	faire la queue pour manger
la salle de séminaire	suivre un cours magistral et prendre des notes
le laboratoire de langues	
le bureau d'admission	s'inscrire et payer les droits d'inscription
le restau U	loger, habiter
la cité universitaire	faire des exposés, participer à des discussions
	étudier et emprunter des livres

3. Placez les mots de la liste ci-dessous dans les deux colonnes données. Aidez-vous au besoin du dictionnaire.

être renvoyé(e) / avoir une retenue / être le (la) premier (-ère) de la classe en maths / recevoir une mauvaise note / être le (la) dernier (-ère) en chimie / avoir zéro en conduite / être privé(e) de récréation / avoir 20 sur 20 en français

Positif	*Négatif*
_____	_____
_____	_____
_____	_____
_____	_____
_____	_____
_____	

4. Faites correspondre chaque expression familière de la colonne de gauche à sa définition dans la colonne de droite.

1. être un(e) vrai(e) nullard(e)
2. être pion(ne)
3. avoir une colle
4. chahuter, faire du chahut
5. sécher un cours
6. bûcher ferme
7. être le (la) chouchou(te) du prof
8. être recalé(e)
9. piquer un roupillon ou roupiller en classe
10. être cossard(e), flemmard(e)
11. entrer à la grande école
12. être bizut
13. être un cancre

a. avoir une retenue
b. être le (la) préféré(e) de la maîtresse
c. manquer un cours sans excuse
d. travailler, étudier très fort
e. dormir pendant le cours
f. échouer
g. être paresseux (-se)
h. perturber la classe en faisant du bruit et en jouant des tours au professeur
i. être victime des moqueries des anciens élèves quand on est en première année
j. commencer l'école primaire
k. être un très mauvais élève
l. ne rien savoir du tout
m. être maître d'internat, surveillant(e)

5. Regardez le document ci-dessous sur les horaires des élèves et les disciplines enseignées au collège.

LES HORAIRES AU COLLÈGE

En sixième et cinquième : huit matières enseignées et vingt-quatre heures de cours par semaine, auxquelles s'ajoutent, pour les élèves qui en ont besoin, trois heures de soutien.

Pour cette rentrée 1985, les horaires sont les suivants :
- Français............5 heures
- Mathématiques ... 3 heures
- Langue vivante ... 3 heures
- Histoire, géographie, économie, éducation civique ....3 heures
- Sciences expérimentales ......3 heures
- Education manuelle et technique (EMT) ou technologie ......2 heures
- Education artistique (arts plastiques éducation musicale) 2 heures
- Education physique et sportive ....3 heures
- Technologique industrielle (OTI) ....3 heures
- Technologique économique (OTE) ..3 heures

Ces deux dernières options disparaissent dès que le nouvel enseignement de la technologie est mis en place dans un collège.

En quatrième et troisième : les élèves suivent des cours dans les matières enseignées en sixième et cinquième, mais d'autres enseignements s'y ajoutent en quatrième : les options. Ce sont les élèves et leurs parents qui les choisissent.

Tronc commun d'enseignement :
- Français............5 heures
- Mathématiques ... 4 heures
- Première langue vivante ....3 heures
- Histoire, géographie économie, éducation civique ....3 heures
- Sciences expérimentales ......3 heures
- EMT (éducation artistique ou technologique).......2 heures
- Education physique et sportive ....3 heures

Matières à option :
- Latin ....3 heures
- Grec ....3 heures
- Deuxième langue vivante ....3 heures
- Première langue vivante renforcée ... 2 heures

a. Dites dans quelle matière les élèves apprennent à:

Modèle   **se servir d'un ordinateur**   **technologie**

parler anglais   _____

respecter les valeurs républicaines   _____

chanter   _____

nager   _____

apprécier les œuvres des grands auteurs
de leur pays   _____

faire des expériences au laboratoire   _____

déchiffrer les auteurs de l'Antiquité   _____

b. Combien d'heures de cours les élèves suivent-ils tous ensemble en 6e et en 5e: _____? en 4e et en 3e: _____?

c. Combien de langue(s) les élèves de 4e et de 3^e

—sont-ils obligés d'apprendre? _____

—peuvent-ils choisir d'apprendre? _____

6. Barrez chaque verbe en italique et remplacez-le par un synonyme pris dans la liste suivante:

échouer / redoubler une classe / poursuivre (ses études) / se présenter (à un examen) / terminer (ses études) / recruter / soutenir (une thèse) / être admissible / être reçu / manquer / se reconvertir

a. À l'école primaire, les garçons sont plus nombreux que les filles à devoir _recommencer la même année de scolarité_.

b. Lorsqu'on a commencé une année en fac, il vaut mieux s'astreindre à l'_achever_, même si on décide de ne pas _continuer_ ses études.

c. À cause de sa mauvaise santé, cet enfant _est_ souvent _absent_ de l'école.

d. En première année de fac, il a choisi d'étudier la médecine; mais il _s'est réorienté_ en troisième année vers les lettres.

e. On _engage_ de nombreux ingénieurs géologues pour la recherche de gisements de pétrole.

f. Au baccalauréat, il existe des épreuves écrites et des épreuves orales. Pour avoir le droit de _passer_ l'oral, il faut _avoir la moyenne_ à l'écrit. Si le candidat obtient au moins 10 sur 20 aux deux groupes d'épreuves, il _obtient le diplôme_; sinon, il _ne l'obtient pas_.

g. Après la rédaction d'une thèse, il faut encore la _défendre_ devant un jury de professeurs.

7. Trouvez les substantifs qui correspondent aux verbes suivants:

a. échouer   _____

b. noter   _____

c. apprendre   _____

d. réussir   _____

e. soutenir _____

f. chahuter _____

IV. Sensibilisation culturelle

A. Avant de lire le texte ci-dessous, regardez le deuxième dessin de Sempé
(p. 11).

1. Qui voyez-vous? _____

2. Où sont les personnes que vous voyez? _____

3. Pouvez-vous deviner ce qu'elles font? _____

_____

B. Maintenant lisez rapidement le texte en vous aidant de la définition des
mots identifiés par une étoile (*) que vous trouverez sous le texte.

Le code secret

Vous avez remarqué que quand on veut parler avec les copains en
classe, c'est difficile et on est tout le temps dérangé? Bien sûr, vous
pouvez parler avec le copain qui est assis à côté de vous; mais même si
vous essayez de parler tout bas, la maîtresse vous entend et elle vous
dit: «Puisque vous avez tellement envie de parler, venez au tableau,
nous verrons si vous êtes toujours aussi bavard*!» et elle vous demande
les départements* avec leurs chefs-lieux*, et ça fait des histoires.* On
peut aussi envoyer des bouts de papier où on écrit ce qu'on a envie de
dire; mais là aussi, presque toujours, la maîtresse voit passer le papier
et il faut le lui apporter sur son bureau, et puis après le porter chez le
directeur, et comme il y a écrit dessus «Rufus est bête, faites passer» ou
«Eudes est laid, faites passer», le directeur vous dit que vous
deviendrez un ignorant, que vous finirez au bagne*, que ça fera beaucoup de peine à vos parents qui se saignent aux quatre veines* pour
que vous soyez bien élevé. Et il vous met en retenue*!

C'est pour ça qu'à la première récré, ce matin, on a trouvé terrible
l'idée de Geoffroy.

—J'ai inventé un code formidable, il nous a dit Geoffroy. C'est un
code secret que nous serons seuls à comprendre, ceux de la bande.

Et il nous a montré; pour chaque lettre on fait un geste. Par exemple:
le doigt sur le nez, c'est la lettre «a», le doigt sur l'œil gauche, c'est «b»,
le doigt sur l'œil droit, c'est «c». Il y a des gestes différents pour toutes
les lettres: on se gratte l'oreille, on se frotte le menton, on se donne des
tapes sur la tête, comme ça jusqu'à «z», où on louche. Terrible!

Alors, on a demandé à Geoffroy de nous l'apprendre, son code. On
s'est tous mis autour de Geoffroy et il nous a dit de faire comme lui; il
a touché son nez avec son doigt et nous avons touché nos nez avec nos
doigts; il s'est mis un doigt sur l'œil et nous nous sommes mis un doigt
sur l'œil. C'est quand nous louchions tous que M. Mouchabière est
venu. M. Mouchabière est un nouveau surveillant*, qui est un peu plus
vieux que les grands, mais pas tellement plus, et il paraît que c'est la
première fois qu'il fait surveillant dans une école.

—Ecoutez, nous a dit M. Mouchabière. Je ne commettrai pas la folie de vous demander ce que vous manigancez* avec vos grimaces. Tout ce que je vous dis, c'est que si vous continuez, je vous colle* tous en retenue jeudi. Compris?...

M. Mouchabière a sonné la fin de la récré. Elles deviennent de plus en plus courtes, les récrés, avec M. Mouchabière.

On s'est mis en rang et Geoffroy nous a dit:

—En classe, je vais vous faire un message, et à la prochaine récré, on verra ceux qui ont compris. Je vous préviens: pour faire partie de la bande, il faudra connaître le code secret!

—Ah! bravo, a dit Clotaire; alors Monsieur a décidé que si je ne connais pas son code qui ne sert à rien, je ne fais plus partie de la bande! Bravo!

Alors, M. Mouchabière a dit à Clotaire:

—Vous me conjuguerez le verbe «Je ne dois pas parler dans les rangs, surtout quand j'ai eu le temps pendant toute la récréation pour raconter des histoires niaises*». A l'indicatif et au subjonctif.

—Si t'avais utilisé le code secret, t'aurais pas été puni, a dit Alceste, et M. Mouchabière lui a donné le même verbe à conjuguer. Alceste, il nous fera toujours rigoler!

En classe, la maîtresse nous a dit de sortir nos cahiers et de recopier les problèmes qu'elle allait écrire au tableau, pour que nous les fassions à la maison. Moi, ça m'a embêté, ça, surtout pour papa, parce que quand il revient du bureau, il est fatigué et il n'a pas tellement envie de faire des devoirs d'arithmétique. Et puis, pendant que la maîtresse écrivait sur le tableau, on s'est tous tournés vers Geoffroy, et on a attendu qu'il commence son message. Alors, Geoffroy s'est mis à faire des gestes; et je dois dire que ce n'était pas facile de le comprendre, parce qu'il allait vite, et puis il s'arrêtait pour écrire dans son cahier, et puis comme on le regardait, il se mettait à faire des gestes, et il était rigolo, là, à se mettre les doigts dans les oreilles et à se donner des tapes sur la tête.

Il était drôlement long, le message de Geoffroy, et c'était embêtant, parce qu'on ne pouvait pas recopier les problèmes, nous. C'est vrai, on avait peur de rater* des lettres du message et de ne plus rien comprendre; alors on était obligés de regarder tout le temps Geoffroy, qui était assis derrière au fond de la classe.

Et puis Geoffroy a fait «i» en se grattant la tête, «t» en tirant la langue, il a ouvert des grands yeux, il s'est arrêté, on s'est tous retournés et on a vu que la maîtresse n'écrivait plus et qu'elle regardait Geoffroy.

—Oui, Geoffroy, a dit la maîtresse. Je suis comme vos camarades: je vous regarde faire vos pitreries.* Mais ça a assez duré, n'est-ce pas? Alors, vous allez au piquet*, vous serez privé de récréation et, pour demain, vous écrirez cent fois «Je ne dois pas faire le clown en classe et dissiper* mes camarades, en les empêchant de travailler.»

Nous, on n'avait rien compris au message. Alors, à la sortie de l'école, on a attendu Geoffroy, et quand il est arrivé, on a vu qu'il était drôlement fâché.

—Qu'est-ce que tu nous disais, en classe? j'ai demandé.

—Laissez-moi tranquille! a crié Geoffroy. Et puis le code secret, c'est fini! D'ailleurs, je ne vous parle plus, alors!

C'est le lendemain que Geoffroy nous a expliqué son message. Il nous avait dit:

«Ne me regardez pas tous comme ça; vous allez me faire prendre* par la maîtresse.»

Sempé, J. J. et Goscinny, R.: *Le Petit Nicolas et les copains*

bavard: qui aime parler et qui parle beaucoup

départements: divisions administratives du territoire français. A la tête de chaque département, le préfet représente l'Etat et le Conseil général administre.

chefs-lieux: villes des départements où résident les préfets

des histoires: des ennuis, des problèmes

bagne: prison très sévère, très dure

ils se saignent aux quatre veines: ils donnent tout ce qu'ils ont

retenue: punition qui consiste à rester à l'école ou à y revenir après les heures de classe

surveillant: personne chargée de la discipline à l'école

manigancez: complotez

colle: met

niaises: stupides

rater: ne pas réussir à comprendre, manquer

pitreries: clowneries, plaisanteries

piquet: punition qui consiste à rester debout, immobile, dans un coin de la salle de classe, face au mur

dissiper: distraire

prendre: attraper, punir

1. Répondez:

    a. Qui est le narrateur, un enfant ou un adulte?

    _____

    b. Quelles personnes représente le **nous** dans le texte?

    _____

2. **Les signes du code secret.** Dites quel geste correspond aux lettres suivantes. (Écrivez le verbe à l'infinitif.)

Lettre	*Geste*
A	**mettre le doigt sur le nez**
B	_____
C	_____
I	_____
T	_____
Z	_____

3. Quels sont les trois autres gestes dont parle le texte?

    a. _____

    b. _____

    c. _____

Maintenant pour vous assurer que vous comprenez bien les verbes que vous avez relevés, faites vous-même le geste qui correspond à chaque verbe.

4. Le texte parle des coutumes scolaires en France. Dites lesquelles en répondant aux questions suivantes:

    a. Où les élèves doivent-ils aller pour réciter leurs leçons?

    _____

    b. S'ils n'ont pas inventé de code secret, comment les élèves communiquent-ils entre eux dans la classe?

    _____

    c. Quelle est la profession de M. Mouchabière?

    _____

    d. Le texte parle d'une de ses responsabilités. Laquelle?

    _____

    e. D'habitude, que font les élèves avant d'entrer en classe?

    _____

    f. Qui fait souvent les devoirs des enfants à la maison?

    _____

    Maintenant faites une liste des punitions que mentionne le texte:

    aller chez le directeur, _____

    _____

    _____

_____

_____

5. Reconstituez l'histoire en vous aidant des questions suivantes.
   <u>Attention!</u> Utilisez le **présent** et écrivez un texte d'environ dix lignes.

   a. Pendant la récréation, qu'est-ce que Geoffroy apprend à ses copains?
      M. Mouchabière les menace de quoi?

   b. En rang, Geoffroy prévient ses copains qu'il va faire quoi? Où?
      Pourquoi? Qui proteste contre Geoffroy? Pourquoi?

   c. En classe, que font Geoffroy et les élèves, pendant que la maîtresse
      écrit au tableau? Pourquoi Geoffroy s'arrête-t-il brusquement?

   d. A la sortie de l'école, qu'est-ce que Geoffroy refuse de faire? Pour-
      quoi?

   e. Le lendemain, qu'est-ce que Geoffroy explique à ses copains?

   Pendant la récréation, _____

   _____

   _____

   _____

   _____

   _____

   _____

   _____

6. Le texte essaie de reproduire la langue d'un enfant. Il y a donc:

   a. des mots ou expressions familiers. Trouvez-les, en vous aidant des
      synonymes suivants qui appartiennent au français standard:

      les amis _____

      extraordinaire _____

      sensationnel _____

      rire _____

      ça m'a ennuyé, contrarié_____

      ennuyeux, contrariant _____

   b. des abréviations. Trouvez-en une pour le mot **récréation:**

      _____

   c. une syntaxe très simple. Relevez les mots de liaison les plus fré-
      quents: _____

   d. des inversions qui appartiennent à la langue orale. Réécrivez les
      phrases suivantes en supprimant les pronoms **(il, l', elles)** et en
      retrouvant l'ordre des mots de l'écrit.

      … il nous a dit Geoffroy._____

      … on a demandé à Geoffroy de nous l'apprendre son code.

_____

Elles deviennent de plus en plus courtes, les récrés...

___

7. **Analyse des temps verbaux.** Relisez le paragraphe qui commence à «**En classe, la maîtresse...**» jusqu'à «**des tapes sur la tête**» et dites si les affirmations suivantes sont vraies ou fausses. Corrigez celles qui sont fausses.

   a. La maîtresse avait déjà écrit les problèmes au tableau quand elle a dit aux élèves de les recopier.   V   F

   b. Les élèves avaient déjà fait les problèmes à la maison quand la maîtresse a écrit au tableau.   V   F

   c. Quand le père du petit Nicolas rentre du travail, il est toujours fatigué.   V   F

   d. Les élèves ont pu se retourner vers Geoffroy parce que, au même moment, la maîtresse écrivait au tableau.   V   F

   e. Le lecteur ne sait pas pendant combien de temps Geoffroy a fait des gestes.   V   F

V. Production libre

A. **Orale**

1. En groupes de deux, construisez des phrases dans lesquelles vous comparerez le système scolaire de la France à celui de votre pays. Appuyez-vous sur les documents que vous avez lus dans le dossier et pensez aux différentes écoles, aux âges de scolarité, aux matières, aux diplômes, aux punitions...

   Modèle   En France, on commence l'école primaire à six ans.
   Chez nous aussi. / Chez nous, on y entre plus tôt.

2. Interview dans la classe sur vos souvenirs d'école. Interrogez une personne de la classe sur ses souvenirs d'école primaire et / ou secondaire. Vous pouvez par exemple poser des questions sur:

   a. l'école fréquentée

   b. les disciplines étudiées

   c. les professeurs

   d. les activités pendant les vacances

   e. la discipline, les punitions....

   Parlez au passé et communiquez ensuite à la classe les résultats de l'interview.

3. Donnez vos opinions sur les étudiants dans votre pays à votre professeur.

   Pensez par exemple à:

   a. **leurs intérêts:** A quelles disciplines s'intéressent-ils le plus? S'intéressent-ils à celles qu'ils étudient? Quels sont leurs autres intérêts?

   b. **leurs attentes:** Selon eux, leurs études doivent-elles leur apporter un développement personnel et des satisfactions individuelles ou une

formation professionnelle et un bon boulot?
Qu'attendent-ils de leurs professeurs? Qu'est-ce qu'est un bon professeur pour eux?

c. **leur engagement politique:** Sont-ils politisés? Si oui, dans quels organismes? Si non, pourquoi ne militent-ils pas?

d. **leurs craintes:** De quoi ont-ils peur? Du chômage? De l'avenir?

e. **leur comportement:** Sont-ils enthousiastes? paresseux? déçus?

f. **leurs distractions:** Comment se divertissent-ils? Quels sont leurs goûts en art, en musique? Font-ils du sport?

g. **leurs problèmes:** Ont-ils des problèmes matériels? financiers? psychologiques? ou autres?

Le professeur ou un étudiant peut poser les questions et un débat peut s'instaurer si les avis dans la classe sont divergents.

4. **Prise de décision / Simulation.** Vous êtes un(e) étudiant(e) français(e). Vous êtes inscrit(e) à Paris III Sorbonne Nouvelle. Cependant, vous habitez en province, à Lyon, et vous avez besoin d'une «piaule» à Paris. Consultez les renseignements suivants, en regardant d'abord les titres et les sous-titres et en lisant rapidement l'article.

LA CHASSE À LA "PIAULE"

Il est déjà bien tard, en septembre, pour se préoccuper de trouver un logement d'étudiant. Il reste pourtant aux retardataires quelques solutions de dernière minute.

par Emmanuel Voisin

● CITÉ U : EN ATTENTE

Il est trop tard pour poser sa candidature dans les cités universitaires. Néanmoins vous pouvez vous inscrire sur des listes d'attente, au cas où des étudiants se désisteraient après leur échec au bac.
Ainsi, tentez votre chance pour un logement à 500 F dans les cités U de Caen, Lyon, Amiens, Marseille, Limoges, Rennes, Bordeaux, Nantes. Renseignez-vous auprès du **CROUS** de chacune de ces villes. Attention : les places disponibles pour les enfants de « hauts revenus » sont plus difficiles à obtenir comme à Lille par exemple, où les opportunités pour ceux-ci se limitent à la cité U Jean-Mermoz, très loin du lieu d'études ; renoncez à Montpellier, Nancy (réservé aux familles imposables à moins de 13 000 F), Paris (où l'impôt ne doit pas dépasser 2 500 F) ou Créteil (chambres réservées aux familles non imposables). Versailles est plus ouvert.

● LES FOYERS D'ETUDIANTS (ES)

98 % des foyers parisiens affichent « complet ». Cette formule de logement, qui s'adresse principalement aux étudiantes, propose la demi-pension ou la pension complète, avec des factures mensuelles allant de 900 à 4 000 F. Inconvénient majeur : le principe de « non-circulation » (interdiction d'inviter dans sa chambre, de rentrer tard le soir, etc.) encore imposé dans trois cas

sur quatre. Pour tenter une inscription, notamment en province, procurez-vous une liste de ces foyers, disponible dans votre CROUS. Des désistements de dernière heure pourraient encore vous aider.

● LES PETITES ANNONCES : EN HAUSSE

La solution du *logement en ville,* en location par petite annonce, demeure la plus efficace.
En ce mois de septembre, les annonces de type une pièce sont particulièrement nombreuses, d'autant plus que le marché des P.A. a pratiquement triplé depuis la loi Méhaignerie. Les grands quotidiens annoncent plusieurs studios, et les journaux spécialisés, comme **Locations et Ventes,** proposent également des chambres et des **studettes** (chambre avec plaque chauffante).
A Paris, des difficultés : on trouve des loyers allant de 500 à 5 000 F. Le prix moyen d'une chambre meublée est de 1 000 F. 500 F sans eau ; 700 F avec eau froide seulement. Entre 1 000 F et 1 500 F : une chambre avec douche (chaude), parfois assimilée à ce que l'on appelle une « studette ». Au-delà se situe le marché du studio (confortable mais coûteux)... Lu cette semaine « studio de 45 m², loyer mensuel : 4 200 F » (XIVe arrondissement).

● FORMULEZ VOTRE DEMANDE

Moins d'offres que de demandes. A Paris, un propriétaire de studio reçoit 120 appels téléphoniques par annonce. C'est pourquoi, agacé par ce système, certains d'entre eux préfèrent consulter les demandes de location plutôt que de rédiger une annonce. Désormais, les étudiants ont donc cette solution d'investir entre 100 et 300 F pour publier une annonce (ne pas oublier d'évoquer les garanties). Ils doivent savoir se vendre auprès de leur propriétaire comme s'ils cherchaient un emploi.

Puis choisissez la formule que vous préférez: cité U, foyer ou logement en ville.

Faites part à la classe de votre décision, en indiquant:

a. la formule de logement choisie

J'ai choisi _____

b. les raisons de votre choix

parce que _____

c. les raisons pour lesquelles vous avez exclu les deux autres possibilités

J'ai exclu _____ parce que _____

B. **Production écrite**

1. A partir de la section **Formulez votre demande** de l'article *La Chasse à la «piaule»* (voir page 15), imaginez que vous êtes un(e) étudiant(e) à Paris et que vous rédigez une annonce destinée à un propriétaire. Indiquez:

a. le type de logement recherché

b. l'équipement sanitaire (eau, etc.)

c. le loyer

d. l'emplacement

<u>Attention!</u> N'oubliez pas de «vous vendre auprès du propriétaire.» Ecrivez le texte de votre annonce en respectant les consignes données dans le formulaire ci-dessous.

RUBRIQUE DANS LAQUELLE DOIT PASSER L'ANNONCE :

TEXTE DE L'ANNONCE : (n'inscrire qu'une lettre par case - laisser une case entre chaque mot - écrire en caractères d'imprimerie)

2. Vous écrivez vos mémoires. Ecrivez un paragraphe (environ 250 mots) sur vos souvenirs d'école. Vous pouvez choisir:

a. soit de raconter un événement marquant de votre scolarité. Par exemple un chahut, un bizutage, une punition injuste, une excursion, votre premier jour à l'école primaire, secondaire ou à l'université...

Modèle **Je me souviens du jour où...** <u>Attention!</u> Quel temps allez-vous utiliser pour raconter les événements passés? _____

b. soit de rapporter vos activités habituelles. Aidez-vous des phrases suivantes:

> **Quand je fréquentais l'école secondaire, je me levais à** (Continuez à parler de votre horaire.)
>
> **Nous avions plusieurs professeurs.** (Continuez à parler de vos professeurs, faites le portrait de votre professeur préféré.)
>
> **Mon camarade préféré s'appelait...** (Parlez de vos camarades de classe.)
>
> **A l'école, nous apprenions...** (Dites ce que vous étudiiez.)
> <u>Attention!</u> Quel temps allez-vous utiliser pour parler de vos
>
> habitudes passées? _____

3. Le «Centre d'accueil des étudiants étrangers» vous demande d'écrire une lettre à un(e) étudiant(e) français(e) qui vient d'être admis(e) à votre université. Cette personne a besoin de renseignements sur le campus, les possibilités de logement, les cours, le type de vêtements à emporter, etc.

Avant de commencer à rédiger votre lettre, imaginez son / sa destinataire. Quel est son nom? Où habite-t-il / elle? (Paris ou province?) Quelles études fait-il / elle? Quel diplôme a-t-il / elle? (Bac, DEUG, ou quoi?)

En écrivant la lettre, référez-vous au document de la page 15 *(La Chasse à la «piaule»)* pour pouvoir faire des comparaisons utiles entre la vie des étudiants en France et chez vous.

2

Tu te sens français ou algérien?

Immigrés africains à Paris

A. Lisez rapidement les renseignements suivants sur les immigrés en France:

Qu'est-ce qu'un immigré? Celui qui vient d'ailleurs et s'installe, provisoirement ou définitivement, dans un pays d'accueil. Lors de son arrivée, il est étranger et admis aux normes d'un statut spécifique. Il peut, sous réserve de certaines contraintes légales, accéder par naturalisation à la citoyenneté de la nation où il s'est installé. S'il ne l'obtient pas pour lui-même, ses enfants y accéderont facilement à la deuxième génération...

Quand l'Administration publie les statistiques des étrangers établis en France, elle les détaille par leurs nationalités d'origine: 4 230 000 en 1982, dont 630 000 venant des pays de la Communauté bénéficiant, à ce titre, du statut privilégié dérivant des textes communautaires. Mais quand l'opinion parle des «immigrés», la formule recouvre plus généralement l'image de communautés issues du tiers monde et, en particulier, des pays du Maghreb, compte tenu de leur importance numérique, mais sans se préoccuper de connaître le statut exact de citoyenneté de ces immigrés....

Bernard Stasi: *L'immigration: une chance pour la France*

1. Trouvez dans le texte le mot qui correspond à chaque définition suivante:

   a. une personne qui vient de l'étranger et s'installe dans un autre pays:

   _____

   b. l'action de donner la nationalité du pays où il s'est installé à un

   étranger: _____

   c. la qualité de citoyen d'un pays (le citoyen ayant certains droits, comme le vote, et certains devoirs, comme la défense du pays):

   _____

   d. les enfants d'immigrés: _____

   e. l'ensemble des lois qui définissent la situation légale d'une personne:

   _____

2. Répondez:

   a. Combien l'administration française a-t-elle recensé d'étrangers

   installés en France en 1982? _____

   b. Pour l'opinion publique, de quels pays viennent les immigrés? _____

   _____

   c. Cherchez le mot **Maghreb** dans une encyclopédie ou dans un atlas.

   Dans quel continent se situe cette région? _____

   Cette région comprend trois pays. Lesquels? _____

   _____

   d. Selon l'auteur du texte, la naturalisation française assure-t-elle à un immigré d'être reconnu comme français par l'opinion publique? Justifiez votre réponse en vous référant au texte.

   _____

B. **Prédictions**

Dans l'interview de la section **Compréhension,** une Française va interroger un immigré en France sur son identité personnelle (nom, lieu et pays de naissance, etc....) et culturelle (pays dont il se sent le citoyen...). Pouvez-vous prévoir et écrire au moins cinq questions que l'interviewer va poser à l'immigré?

_____

_____

_____

_____

Maghrébins à Toulouse

II. Compréhension

A. Ecoutez une seule fois l'interview en entier et cochez dans la liste des questions que vous aviez prédites **(Préparation à l'écoute, B)** celles que pose l'interviewer (même si elle utilise des structures différentes).

Citez au moins deux autres choses que l'interviewer demande et que vous n'aviez pas prédites.

Elle demande _____

_____

B. Identifiez les mots de la colonne de gauche sur la bande, puis cherchez dans la colonne de droite un mot synonyme ou une définition pour chaque mot de la colonne de gauche.

1. «gosse» (familier)
2. fac
3. bac
4. gestion
5. «boulot» (familier)
6. intérim
7. formation professionnelle
8. «bouffer» (familier)
9. bronzé
10. frisé
11. «bougnoul» (familier, péjoratif)

a. travail
b. manger
c. enfant
d. arabe, noir ou métis
e. qui a la peau colorée
f. administration d'affaires
g. université
h. qui a les cheveux ondulés
i. remplacement
j. enseignement technique et pratique d'un métier
k. diplôme obtenu à la fin des études secondaires

Asssurez-vous que vous comprenez bien les mots de la colonne de gauche avant de faire la question suivante.

C. Réécoutez l'interview et complétez la fiche d'identité d'Abd-el-Kader. Ecrivez la réponse correcte ou rayez la / les mention(s) inutile(s) quand (R) est indiqué.

NOM: Abd-el-Kader

ADRESSE: 40 rue Rébeval, 75019 Paris

NATIONALITÉ: française / marocaine / algérienne / portugaise / tunisienne   (R)

IMMIGRÉ de la première / de la deuxième / de la troisième génération   (R)

DATE DE L'ARRIVÉE DES PARENTS EN FRANCE: _____

LIEU DE NAISSANCE: _____

LIEU DE NAISSANCE DES FRÈRES ET SOEURS: _____

ÂGE À L'ARRIVÉE EN FRANCE: _____

ÂGE: _____ (L'interview a été réalisée en janvier 1985. Pouvez-vous en déduire l'âge d'Abd-el-Kader au moment de l'interview?)

NOMBRE DE SÉJOUR(S) EN ALGÉRIE: _____ DURÉE: _____

ANNÉE DE LA MORT DU PÈRE: _____ (si l'interview a eu lieu en 1985)

RÉSIDENCE ACTUELLE DE LA MÈRE: _____

ÉTUDES SUIVIES:

1. primaires:
      lieu: Algérie / France   (R)

2. secondaires:
      établissement: collège / lycée technique / lycée
                         d'enseignement général   (R)

      diplôme obtenu: _____

3. universitaires:

      discipline étudiée: _____

PROFESSION:

1. type de contrat dans le passé: _____

2. profession exercée actuellement: _____

3. date de la fin du contrat: _____

SITUATION DE FAMILLE: célibataire / divorcé / marié / séparé   (R)

LANGUE ARABE PARLÉE: kabyle / oranais   (R)

RELIGION: catholique / protestante / musulmane / israélite   (R)

1. observance des prescriptions alimentaires: oui / non   (R)

2. raison(s) de préserver la religion: (Utilisez vos propres mots.) _____

_____

3. observance du Ramadan: nombre de fois: _____

                              durée: _____

                              lieu: _____

4. pratiquant: oui / non   (R)

IDENTITÉ CULTURELLE: algérienne / française   (R)

Raison pour laquelle il n'a pas demandé la nationalité française:

(Utilisez vos propres mots.) _____

_____

_____

_____

_____

D. Réécoutez toute l'interview. Puis rédigez un portrait d'Abd-el-Kader à la troisième personne du singulier **il.** Parlez de sa nationalité, de son lieu de naissance, etc., et inspirez-vous du portrait suivant:

> Houari a vingt ans, et il travaille dans une entreprise de bâtiment. Il est algérien, né en France... Houari est donc, lui aussi, un de ces adolescents de la deuxième génération: celle qui est née et qui a grandi sur le sol de l'exil des parents. Il a gardé la nationalité algérienne. Son visage, ses cheveux, sa peau le disent maghrébin. Mais il est de culture française, et lui non plus ne parle plus la langue de son père. Il cherche un appartement, pour vivre avec la jeune femme qu'il aime: une Française, d'origine italienne, étudiante en droit.
>
> Daniel Karlin et Tony Lainé: *La mal vie*

Vous pouvez aussi ajouter des commentaires personnels sur Abd-el-Kader. Par exemple: il est sympathique, il parle bien / mal français... En classe, vous aurez à lire le portrait que vous avez écrit.

_____

_____

_____

_____

_____

_____

_____

_____

_____

III. Pratique de la langue

A. **Les registres**
Les questions ci-dessous, extraites ou inspirées de l'interview, sont dans un registre «familier», parce que l'interviewer connaît bien l'immigré qu'elle interroge sur:

son nom: **Tu t'appelles comment?**

sa nationalité: **Tu es français ou tu es toujours algérien?**

sa date d'arrivée en France: **Toi, tu es venu en France quand?**

son lieu de naissance: **Tu es né où?**

la résidence de ses parents: **Tes parents, ils sont repartis en Algérie?**

sa situation de famille: **Toi, tu t'es marié?**

sa profession: **Comment tu fais pour trouver du «boulot»?**
Tu travailles dans quoi?

sa langue: **Qu'est-ce que tu parles? Kabyle?**

sa religion: **Est-ce que tu es musulman?**

Imaginez que vous travaillez en France pour le Bureau National d'Immigration et que vous remplissez la fiche d'un immigré. Trouvez des questions dans un registre neutre ou poli pour interroger sur: (Plusieurs réponses sont possibles dans chaque rubrique.)

1. le nom: _____

_____

2. la nationalité: _____

_____

3. la date d'arrivée en France: _____

_____

4. le lieu de naissance: _____

_____

5. la résidence des parents: _____

_____

6. la situation de famille: _____

_____

7. la profession: _____

_____

8. la langue parlée: _____

_____

9. la religion: _____

_____

B. **Lexique**

1. Placez les pays suivants dans les trois colonnes.

Algérie / Allemagne / Argentine / Belgique / Brésil / Canada / Chili / Chine / Colombie / Espagne / Grande-Bretagne / Hongrie / Inde / Indonésie / Italie / Japon / Mali / Maroc / Mexique / Pakestan / Pérou / Philippines / Pologne / Roumanie / Sénégal / Suède / Suisse / Syrie / Thaïlande / Vietnam

Pays d'Amérique

_____
_____
_____
_____
_____
_____
_____
_____
_____

Pays européens

_____
_____
_____
_____
_____
_____
_____
_____
_____

Pays francophones

_____
_____
_____
_____
_____
_____
_____
_____
_____
_____

*Pays que vous ne pouvez
pas situer sur la carte!*

_____
_____
_____
_____
_____
_____
_____
_____
_____
_____

1. l'Algérie	**6.** le Congo		**17.** l'Indochine	**29.** Djibouti
2. les Antilles	**7.** la Corse		(le Cambodge,	**30.** la Suisse
(la Guadeloupe,	**8.** la Côte-d'Ivoire	**11.** la France	le Laos,	**31.** Tahiti
la Martinique,	**9.** le Bénin	**12.** le Gabon	le Viêt-Nam)	**32.** le Tchad
Saint-Martin)	**10.** les États-Unis	**13.** la Guinée	**18.** le Luxembourg	**33.** le Togo
3. la Belgique	(la Louisiane,	**14.** la Guyane	**19.** Madagascar	**34.** la Tunisie
4. le Cameroun	la Nouvelle-Angleterre)	**15.** Haïti	**20.** le Mali	**35.** le Zaïre
5. le Canada (le Québec)		**16.** le Burkina Faso	**21.** le Maroc	
			22. la Mauritanie	
			23. le Niger	
			24. la Nouvelle-Calédonie	
			25. la République Centrafricaine	
			26. la Réunion	
			27. Saint-Pierre-et-Miquelon	
			28. le Sénégal	

2. Maintenant, donnez le nom de la personne qui habite dans les pays suivants (au masculin et au féminin) et prononcez-les.

a. Algérie **un(e) Algérien(ne)**

b. Belgique _____

c. Canada _____

d. Chine _____

e. Espagne _____

f. Italie _____

g. Japon _____

h. Mexique _____

3. L'immigration / les immigrés

a. Donnez un des deux sujets de la colonne de gauche aux expressions verbales de la colonne de droite et construisez oralement des phrases sur le modèle suivant:

Modèle **Les immigrés se sentent acceptés dans leur particularisme ethnique.**

les immigrés
la société française

se sentir accepté dans son particularisme ethnique

nier les différences culturelles

se sentir rejeté par la société

s'assimiler à la culture du pays d'accueil

retourner au pays d'origine

reconnaître le droit à la différence

b. Barrez chaque verbe ou expression verbale en italique et remplacez-le par un synonyme pris dans la liste suivante. <u>Attention!</u> Conjuguez les verbes.

acquérir / être naturalisé français / recenser / s'installer / accéder aux mêmes droits / s'identifier / s'enraciner

—Qu'est-ce qu'un immigré? C'est quelqu'un qui vient d'ailleurs et qui *s'établit* dans un pays d'accueil.

—S'ils la demandent, les immigrés peuvent *obtenir la citoyenneté française.*

—Certains Maghrébins *ont obtenu* la nationalité française au lendemain de la guerre d'Algérie.

—En 1985, les services de statistiques *ont dénombré* 4 470 000 étrangers installés en France.

—Certains travailleurs étrangers finissent par *s'installer pour toujours* dans le pays où ils ont passé de nombreuses années de leur vie.

—Les enfants de la deuxième génération peuvent *obtenir les mêmes privilèges juridiques* que les Français parce qu'ils sont nés en France.

—Souvent les enfants de la deuxième génération ne désirent pas *ressembler* à leurs parents parce que la société française leur a communiqué une image dévalorisée de leur famille.

c. Transformez les expressions verbales en une structure nominale. Aidez-vous au besoin du Micro-Robert.

Modèle   acquérir la nationalité française
l'acquisition de la nationalité française

—se révolter contre la société _____

—s'installer dans le pays d'accueil _____

—s'intégrer à la société du pays d'accueil

_____

—s'insérer dans le système scolaire _____

—être naturalisé français _____

IV. Sensibilisation culturelle

Manifestation contre l'interdiction du port du «tchador» dans les écoles: ces musulmanes veulent conserver les traditions islamiques.

A. Lecture d'un article du *Monde*

1. Numérotez les paragraphes du texte suivant (de 1 à 11) et lisez-le en vous aidant de la définition des mots difficiles, donnée ci-dessous.

Leïla   les deux cultures

Le 26 avril, deux hommes font irruption* dans le hall d'entrée du lycée technique Pierre-de-Coubertin, à Meaux (Seine-et-Marne), et somment une jeune Algérienne âgée de vingt ans, Mlle Leïla Challabi, élève interne* de première année de B.T.S. (brevet de technicien supérieur) de les suivre. Comme le proviseur*, puis un professeur de l'établissement tentent de s'interposer, l'un des deux hommes les menace d'un couteau.

Ainsi M. Mbarek Challabi, un maçon algérien fixé en France depuis vingt ans, père de dix enfants, dont Leïla, et M. Abdelaziz Challabi, trente ans, l'un de ses fils, marié et père de famille, qui habitent tous deux à Nemours (Seine-et-Marne), parviennent-ils à enlever* contre son gré* la jeune fille, pour la conduire aussitôt à bord de leur voiture chez l'une de ses sœurs, Yasmina, trente-deux ans, mariée à un Algérien, M. Bousselah, et habitant Mulhouse (Haut-Rhin)....

Quelles raisons ont pu conduire ce père et ce frère à se comporter* de la sorte? Probablement partagés* entre la profonde fierté de voir l'une des filles accéder, pour la première fois dans l'histoire de leur famille, à des études supérieures (Leïla est bachelière depuis l'été précédent) et la crainte de la voir leur échapper, en accédant à une émancipation qui va de pair avec sa vie d'étudiante à l'occidentale, les mâles du clan Challabi ont réagi «à l'orientale». Et ils ont décidé de remettre, bon gré mal gré, l'enfant prodige dans l'étroit chemin, très sévèrement gardé par les hommes, et par eux seuls, que la société musulmane traditionnelle a tracé à l'usage de ses filles. Ses filles condamnées à vivre une existence placée constamment «sous surveillance», que même le mariage ne leur fera jamais quitter, même si la maternité vient, naissance après naissance, octroyer* à l'épouse enfin devenue mère un certain prestige, voire une voix au chapitre*....

Revenons-en aux faits. Déjà, voici quelques mois, Leïla, qui passe dans sa famille, à Nemours, la totalité de ses vacances scolaires, dont les déplacements entre le lycée et le domicile paternel sont surveillés à la minute, dont le courrier est ouvert avant de lui être remis, Leïla dont le sac, la valise et les poches sont examinés, a été battue par Abdelaziz, ce frère aîné décidément plus tyrannique que le chef de la famille. Motif? Il a trouvé dans sa poche un billet de cinéma!

«Je préfère me faire oublier»

Un peu plus tard, parce que la jeune fille, non contente de fumer, roule elle-même ses cigarettes, la voilà soupçonnée de s'adonner aux stupéfiants*. Tant et si bien qu'on va la conduire chez un médecin, prié d'infirmer ou de confirmer le soupçon qui pèse sur la lycéenne. Le praticien rassure les inquisiteurs: Leïla n'a jamais fumé que du tabac...

La coupe est déjà pleine* lorsque, le 11 novembre 1981, Leïla, plutôt que d'aller passer sa journée de vacances à Nemours, se garde de* dire aux siens que l'internat sera fermé à cette occasion et se rend* chez une camarade de classe, dont la famille habite Chelles, dans la région de Meaux. Ses parents apprendront un peu plus tard qu'elle a donc «découché*». Aussi, lorsqu'elle vient à Nemours à l'occasion des congés de Noël, sera-t-elle à nouveau battue et séquestrée* à la maison. Cette fois, c'en est trop : Leïla s'enfuit et va chercher refuge à Mulhouse, chez sa sœur Yasmina. Cette dernière parviendra à obtenir le pardon de la fugueuse* qui va retourner au lycée de Meaux, jusqu'au jour de son enlèvement, en avril.

De chez sa sœur où, nous l'avons dit, son père et son frère l'ont menée de force après lui avoir confisqué tous ses papiers d'identité Leïla, avant de s'enfuir, ira se présenter spontanément, le 2 juin, au procureur* de la République de Mulhouse et obtiendra que soit annulé l'avis de recherche lancé par sa famille, puis qu'on lui établisse de nouveaux papiers. A compter de* ce moment, Leïla va vivre cachée, d'abord à Paris, où nous l'avons rencontrée, puis «quelque part dans un pays de la Communauté économique européenne».

«Je préfère prendre mes distances, me faire oublier... Après, j'espère pouvoir reprendre mes études. Je pense, en tout cas, j'espère sincèrement, que ma famille va finir par se calmer, face à un scandale qu'ils craignent plus que tout...» Leïla s'efforce* de paraître calme mais sa fatigue, sa nervosité se lisent en filigrane*. «Si je retournais aujourd'hui à la maison, je sais qu'ils refuseraient de me recevoir : à leurs yeux, je suis la seule coupable ! il faudra plusieurs années, cinq ou six, peut-être, pour que je puisse les revoir dans de bonnes conditions.» Elle évoque le cas de l'une de ses sœurs qui, à l'âge de dix-sept ans, a osé manifester le désir d'épouser... un Français, qui a dû s'enfuir, elle aussi, pour se marier, et qui, après, a dû attendre six ans l'amnistie parentale. «J'aime mes parents, et ils m'aiment aussi, mais ils ne peuvent admettre que je

puisse prétendre à quelque indépendance que ce soit! C'est d'autant plus paradoxal qu'ils se montrent très fiers de ma réussite scolaire.»

Dans une lettre ouverte qu'elle a adressée à *Sans frontière* (numéro du 4 juin), Leïla revendique* à la fois sa liberté de femme majeure* et le droit à cette culture nouvelle, faite d'un mélange, qu'elle ressent comme harmonieux, de son héritage maghrébin et du monde occidental : «Nous sommes, écrit-elle, plus riches que nos parents, car nous avons reçu deux cultures (...) et nous devons démontrer que le phénomène d'acculturation n'est pas obligatoire.» Mais, quoi qu'il en soit, si on l'a souvent accusée d' «avoir déshonoré son peuple», elle entend répondre à ses «juges» «qu'elle s'appelle Leïla, qu'elle tient à* son nom» qu'il ne s'agit pas de renier* quoi que ce soit, et que, «dans dix ou quinze ans, lorsqu'on me demandera ma nationalité, je répondrai encore et toujours : algérienne.»

Si elle a décidé de mener un combat qu'elle ne souhaitait pas avoir à assumer, mais auquel l'attitude des siens* l'a contrainte, si elle accepte, non sans réticences, de parler, comme elle l'a fait devant les caméras de la télévision – en dissimulant, toutefois, son visage – «c'est pour les autres, toutes les autres femmes qui subissent, le plus souvent sans que cela se sache, les mêmes contraintes, les mêmes abus, les mêmes jougs*!»...

A présent, c'est à la justice de dire s'il est admissible qu'une famille puisse, en France, contraindre de la sorte une jeune fille majeure à subir son seul bon vouloir, que ce soit au nom d'une certaine «tradition» ou en celui d'une religion, qui, il faut le souligner, se prête mieux qu'aucune autre à* des «interprétations» dont la phallocratie* musulmane a toujours su tirer le meilleur profit, quitte à contrevenir aux préceptes coraniques. Il serait injuste d'oublier que le Livre sacré de l'islam rapporte ainsi la parole divine : «J'ai établi l'amour et la bonté entre vous (...) Homme ou femme, vous dépendez les uns des autres», ou, enfin : «(Vos épouses) sont un vêtement pour vous et vous êtes pour elles un vêtement».

J.-M. DURAND-SOUFFLAND.

Vocabulaire de l'article

Paragraphe 1

font irruption: entrent de force

élève interne: élève qui habite au lycée

le proviseur: le directeur du lycée

Paragraphe 2

enlever: kidnapper

contre son gré: contre sa volonté

Paragraphe 3

se comporter: se conduire, agir

partagés: divisés entre deux sentiments contradictoires

octroyer: donner, concéder comme une faveur spéciale, accorder

(avoir) une voix au chapitre: avoir le droit de discuter et de prendre des décisions

Paragraphe 5

s'adonner aux stupéfiants: se droguer

Paragraphe 6

la coupe est déjà pleine: il y a déjà eu assez d'abus

se garde de: fait attention de ne pas

se rend: va

«a découché»: n'a pas dormi chez elle

séquestrée: enfermée

fugueuse: qui fait des fugues, qui s'absente sans permission

Paragraphe 7

le procureur: juge, chargé de veiller aux intérêts de la société

à compter de: à partir de

Paragraphe 8

s'efforce de: fait des efforts pour

se lisent en filigrane: se distinguent sous la surface

Paragraphe 9

revendique: demande avec insistance ce qui est son droit

majeur(e): personne qui a l'âge d'être légalement responsable d'elle-même (c'est-à-dire 18 ans ou plus en France)

elle tient à: elle est très attachée à

renier: renoncer à

Paragraphe 10

les siens: les membres de sa famille

subissent... les mêmes jougs: sont victimes des mêmes oppressions

Paragraphe 11

se prêter à: s'adapter à

phallocratie: pouvoir abusif des hommes

2. Les «faits»

a. Dites dans quels paragraphes (donnez les numéros), l'auteur de l'article fait le récit des «faits», c'est-à-dire raconte les conflits qui ont opposé Leïla à sa famille. _____

_____

_____

_____

b. Les «faits» ne sont pas rapportés dans l'ordre chronologique. Après quel paragraphe du texte faut-il situer les paragraphes 1 et 2 pour reconstituer la chronologie des faits? _____

c. Résumez les actes dont Leïla a été la victime en complétant les cases blanches du tableau suivant:

Para-graphe	Où	Quand	Par qui	Quoi (actes)	Pourquoi
1	Lycée de Meaux	le 26 avril 1982	deux hommes	somment Leïla de les suivre	
2				enlèvent Leïla	
4			la famille Challabi	surveille les déplacements de Leïla	
4				ouvre le courrier de Leïla	
4				examine le sac de Leïla	
4				bat sa sœur	
5			on (la famille)		elle est soup-çonnée de s'a-donner aux stupéfiants
6			ses parents	battent et séquestrent Leïla	
7	chez sa sœur		son père et son frère		

d. L'identité de Leïla. Relisez les paragraphes 1, 2 et 3 et relevez les renseignements suivants sur Leïla:

NOM: _____

ÂGE: _____

NATIONALITÉ: _____

ÉTUDES: nom de l'établissement: _____

      diplôme préparé: _____

      diplôme déjà obtenu: _____

NOM DU PÈRE: _____

PROFESSION DU PÈRE: _____

DURÉE DU SÉJOUR EN FRANCE DU PÈRE: _____

NOMBRE DE FRÈRES ET SŒURS: _____

ÂGE ET SITUATION DE FAMILLE DU FRÈRE ABDELAZIZ: _____

_____

3. Relisez les paragraphes 3 et 11 et dites si les affirmations suivantes sur les coutumes musulmanes sont vraies ou fausses. Corrigez le sens quand il est faux.

a. Même si les hommes de la famille Challabi sont fiers des réussites scolaires de Leïla, ils redoutent son émancipation.   V   F

b. Les femmes, dès qu'elles se marient, ont plus d'indépendance que les jeunes filles.   V   F

c. Les mères finissent par obtenir une certaine autorité sur leurs maris et leurs fils.   V   F

d. Selon les préceptes du Coran, la femme n'est pas l'égale de l'homme.   V   F

e. L'homme a interprété et même déformé le texte du Coran pour mieux dominer la femme.   V   F

4. Dans quel(s) paragraphe(s) le journaliste restitue-t-il les déclarations de Leïla? _____

D'après ces paragraphes:

a. Dites pourquoi Leïla trouve que l'attitude de ses parents à son égard est contradictoire. _____

_____

b. Montrez que Leïla a une double identité, en disant:

ce qui prouve qu'elle appartient à la société musulmane.	ce qui prouve qu'elle s'est occidentalisée.
_____	_____
_____	_____
_____	_____

c. Comparez le point de vue de Leïla sur son identité culturelle à celui d'Abd-el-Kader, exposé dans l'interview (section **Compréhension**). Dans quelle mesure peut-on dire que les deux points de vue sont opposés?

_____

_____

_____

_____

_____

5. Préparez-vous à discuter *oralement* le texte en classe et à présenter vos opinions personnelles sur le «cas» Leïla.

Que pensez-vous de l'attitude de la famille de Leïla? La comprenez-vous ou la condamnez-vous? Quels actes du père et du frère vous semblent particulièrement condamnables? Comment auriez-vous réagi à votre famille, si vous aviez été à la place de Leïla? Auriez-vous accepté ou rejeté les coutumes familiales?

En vous plaçant à un point de vue social, dites si, selon vous, les immigrés devraient se conformer ou non aux coutumes et aux lois du pays où ils se sont établis.

V. Production libre

A. **Orale**

1. En groupes de deux, interrogez-vous sur les lieux d'où vous venez, où vous êtes allé(e) ou vous aimeriez aller... en utilisant les structures suivantes:

   a. De quelle ville
      De quelle région
      De quel pays   } viens-tu?
      D'où

   Modèle   **Je viens *de* San Francisco.**
                        Je viens *de la* Californie / *du* Massif Central / *des* Alpes / *de l'*Auvergne.
                        Je viens *de* France / *du* Japon / *des* Etats-Unis.

   b. Dans quelle ville
      Dans quelle région   } es-tu allé(e)?
      Dans quel pays

   Modèle   **Je suis allé(e) *à* Paris.**
                        Je suis allé(e) *en* Californie / *en* Auvergne.
                        Je suis allé(e) *en* France / *au* Japon / *aux* Etats-Unis.
                        Je suis allé(e) *dans les* Alpes.

   c. Dans quelle ville
      Dans quelle région   } aimerais-tu aller?
      Dans quel pays

   Modèle   **J'aimerais aller *à* Paris, *en* Californie, *en* France, *dans les* Alpes.**

2. **Présentez-vous à la classe!** Préparez votre portrait, puis présentez-vous à votre voisin(e) ou à la classe, ou bien enregistrez votre présentation au laboratoire sur cassette. Vous pouvez aussi, si vous voulez, imaginer que vous êtes une *autre* personne et faire un portrait *fictif*. Mais utilisez toujours la première personne, **je**.

   Rappelez d'abord votre nom, votre nationalité et votre âge. Puis parlez de votre date et votre lieu de naissance, du lieu où vous habitez, des études que vous faites, de votre profession, de votre situation de famille, de vos goûts...

3. **Enquête dans la classe sur les immigrés dans votre pays**

   a. En groupes de deux ou trois, retracez votre généalogie. Chaque étudiant dit, par exemple:

      —depuis quand les branches maternelle et paternelle de sa famille sont établies dans le pays où il vit.

      —de quel pays viennent ses ancêtres.

      —s'il a de la famille à l'étranger.

      Un porte-parole du groupe prend des notes et donne les résultats à la classe qui fait une liste des pays représentés (une personne de la classe peut les inscrire au tableau).

   b. S'il y a dans la classe des immigrés de la première ou de la deuxième génération, demandez-leur s'ils veulent bien être interviewés par la classe, dans le but d'évaluer le degré de leur insertion dans le pays où ils sont installés.

      Préparation des questions

      En groupes de deux, préparez d'abord des questions qui peuvent porter sur:

      —la nationalité

      —le lieu de naissance

      —la date d'arrivée dans le pays d'accueil

      —les retours éventuels dans le pays d'origine

      —les difficultés d'adaptation au pays d'accueil

      —les habitudes culturelles: religion, cuisine, loisir...

      —la formation professionnelle; l'entrée dans la vie active; la profession en général

      —l'identité culturelle

      —le mariage; l'éducation des enfants

      Trouvez d'autres questions que vous aimeriez poser.

      (Pendant ce temps, les personnes qui seront interviewées peuvent faire d'autres exercices, par exemple **B.1.**)

      Interview dans la classe

      Les étudiants nés dans le pays d'accueil interviewent, en suivant le questionnaire, les étudiants immigrés.

      Exposé et discussion des résultats

      Chaque interviewer expose à la classe les réponses qu'il a obtenues de la personne qu'il a interviewée.

4. **Enquête en dehors de la classe sur les résidents français à l'étranger**

En groupes de deux, préparez des questions pour interroger des Français ou des francophones, immigrés ou résidents temporaires dans votre pays, sur leurs problèmes d'adaptation.

Chaque groupe ira ensuite interviewer, en dehors de la classe, le / la Français(e) avec qui il aura pris rendez-vous, et enregistrera l'interview sur cassette.

Puis chaque groupe fera un rapport à la classe sur le / la Français(e) qu'il aura interrogé(e). Une discussion peut s'engager entre les groupes sur l'identité des Français, leurs problèmes...

Enfin, chaque groupe fera un reportage écrit sur les résultats de l'interview en faisant un compte rendu (et non une transcription) de l'interview et en ajoutant des commentaires personnels (comme le journaliste de l'article sur Leïla). Si vous avez des photos de l'interviewé(e) ou des photos ou / et des cartes du pays d'où il / elle vient, ajoutez-les à votre article.

B. **Production écrite:** rédaction d'un récit autobiographique

1. Inventez un court récit autobiographique (environ une page); que vous écrirez au passé, en utilisant la première personne et en imaginant que vous êtes Leïla Challabi (l'immigrée algérienne dont parle l'article de la section **Sensibilisation culturelle**) et que vous avez 60 ans au moment où vous écrivez votre autobiographie.

   Vous devez donc utiliser des éléments donnés dans l'article, mais aussi en inventer.

   Inspirez-vous du schéma suivant:

   DATE ET LIEU DE NAISSANCE: Quand et où êtes-vous née?

   NOM ET PROFESSION DE VOS PARENTS: Comment s'appelaient vos parents? Quelle était la profession de votre père?

   ORIGINES DE VOTRE FAMILLE: Que savez-vous sur le passé de votre famille? Qui était votre grand-père...?

   ÉVÉNEMENTS MARQUANTS DE VOTRE ENFANCE: Quand, pourquoi, dans quelles conditions... êtes-vous venue en France?

   ÉVÉNEMENTS MARQUANTS DE VOTRE ADOLESCENCE: Pourquoi êtes-vous entrée en conflit avec vos parents vers 20 ans? Pouvez-vous raconter les problèmes que vous avez eus avec votre famille et expliquer comment ils se sont résolus?

   RENCONTRES, MARIAGE, ENFANTS: Qui avez-vous épousé? Quels problèmes vous a posés l'éducation de vos enfants?

   L'ÉVOLUTION DE VOTRE PERSONNALITÉ: Pourquoi avez-vous eu besoin de vous émanciper à l'adolescence? Avez-vous eu l'impression de changer d'identité culturelle au cours de votre vie?

2. **Ecrivez votre propre autobiographie.** Vous pouvez aussi choisir d'écrire votre propre autobiographie. Suivez les mêmes consignes que pour l'exercice à partir de Leïla, c'est-à-dire, écrivez au passé, utilisez la première personne et imaginez que vous avez 60 ans au moment où vous écrivez.

   Inspirez-vous aussi du schéma donné pour Leïla.

3

Qu'est-ce que vous vendez à la FNAC?

I. Préparation à l'écoute

1.

2.

3.

4.

A. Regardez les photos 1, 2 et 3. Vous voyez l'extérieur et l'intérieur d'un grand magasin.

    1. Comment s'appelle-t-il? (Prononcez les quatre lettres que vous voyez).

2. Que vend-on dans ce magasin? _____

3. Comment appelle-t-on un magasin où on vend ces articles?

_____

4. Qui voyez-vous sur la photo 3?

_____

B. **Prédictions**

Sur la photo 4, vous voyez la personne que vous allez entendre dans la section **Compréhension.**

1. Pouvez-vous prévoir quelle est sa profession et ce qu'elle fait à la

FNAC? _____

2. Vous vous attendez à ce qu'elle parle de quoi?

_____

_____

_____

II. Compréhension

A. Ecoutez l'interview en entier une seule fois.

1. Quelle est la profession de la personne interviewée? _____

_____

Est-ce celle que vous aviez prédite dans la question B.1 de la **Préparation à l'écoute?**

2. Quels sont les sujets dont elle parle et que vous aviez prédits dans la question B.2 de la section **Préparation à l'écoute?**

_____

_____

3. Mentionnez quelques autres points de l'interview que vous n'aviez pas prédits.

_____

_____

B. Ecoutez du début jusqu'à «...même si on n'est pas adhérent.»

1. Identifiez sur la bande chaque mot de la colonne de gauche, puis cherchez dans la colonne de droite un synonyme ou une définition du mot de la colonne de gauche.

1. sigle   a. membre d'une association

2. cadre   b. association commerciale dont les membres assurent la gestion

3. coopérative   c. une série de lettres, initiales de mots, qui servent d'abréviation

4. adhérent   d. inscription qui indique un magasin au public

5. enseigne   e. catégorie professionnelle qui dirige le personnel dans une entreprise

2. Maintenant, réécoutez le passage et utilisez les mots ci-dessus pour répondre aux questions suivantes:

a. A l'origine la FNAC n'était pas un magasin. Qu'est-ce que c'était?

_____

_____

b. Qui avait le droit d'y acheter? _____

c. Et maintenant, la FNAC, qu'est-ce que c'est? _____

_____

d. Ecrivez les quatre mots du sigle:

F_____   N_____   A_____   C_____

C. Ecoutez la suite de la séquence jusqu'à «...**Ah bon! vous vous êtes mis à l'ordinateur. Oui.**»

Complétez la liste des produits vendus à la FNAC.

1. **des produits de** _____

2. **des** _____

3. _____

4. _____

5. _____

6. _____

7. _____

D. Ecoutez la suite de la séquence jusqu'à «...**et une à Anvers.**»

1. Entourez sur la carte ci-jointe les noms des villes françaises où il y a des magasins FNAC.

2. Dans quel autre pays y a-t-il des magasins FNAC? _____

E. Ecoutez la suite de la séquence jusqu'à «... **lisent encore**» et répondez:

1. Quel rayon est le plus important à la FNAC?

_____

_____

2. Selon la locutrice, on continue à lire en France. Cependant, lit-on dans toutes les classes sociales?

_____

_____

F. Ecoutez la suite jusqu'à «...**et des auteurs difficiles.**»

1. Identifiez les expressions suivantes et choisissez la définition qui correspond au contexte de l'interview:

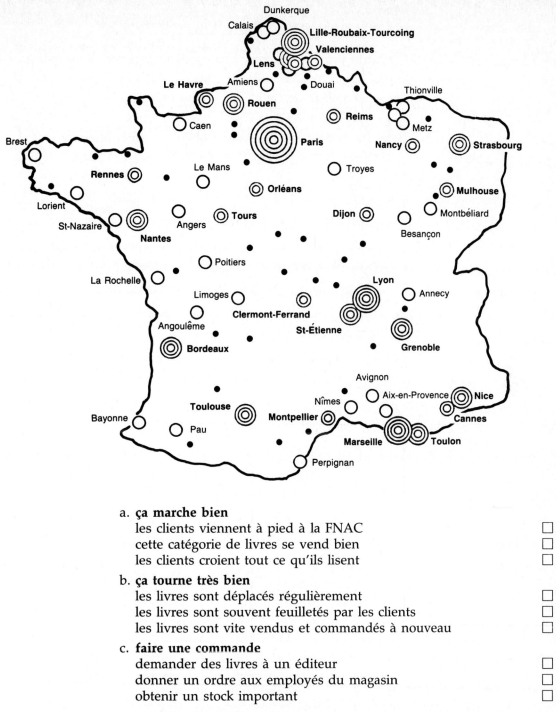

a. **ça marche bien**
   les clients viennent à pied à la FNAC ☐
   cette catégorie de livres se vend bien ☐
   les clients croient tout ce qu'ils lisent ☐

b. **ça tourne très bien**
   les livres sont déplacés régulièrement ☐
   les livres sont souvent feuilletés par les clients ☐
   les livres sont vite vendus et commandés à nouveau ☐

c. **faire une commande**
   demander des livres à un éditeur ☐
   donner un ordre aux employés du magasin ☐
   obtenir un stock important ☐

2. Dans la liste des éditeurs français ci-contre, entourez d'un cercle la collection que la FNAC ne vend pas.

Flammarion / Presses Universitaires de France / Armand Colin / Harlequin / Editions de Minuit / Gallimard

3. Faites la liste des livres qui se vendent à la FNAC.

   a. _____

   b. _____

   c. _____

d. _____

e. _____

f. _____

4. Dans le contexte de cette liste, le mot **prix** signifie

   a. les prix des livres à la FNAC ☐

   b. les livres dont les auteurs ont obtenu un prix littéraire (par exemple le prix Goncourt en France) ☐

G. Ecoutez la suite jusqu'à la fin.

1. Identifiez les mots suivants et assurez-vous que vous les comprenez. (Consultez au besoin votre Micro-Robert).

la peinture / l'ésotérisme / l'actualité politique / les régimes / la diététique / l'informatique / le droit / la gestion / la bande dessinée

2. De quel rayon s'occupe la locutrice à la FNAC de Nice?

_____

3. Combien y a-t-il d'employés?

   a. à temps partiel: _____   b. à plein temps: _____

4. Chaque cadre ci-dessous représente un rayon du magasin où travaille la locutrice.

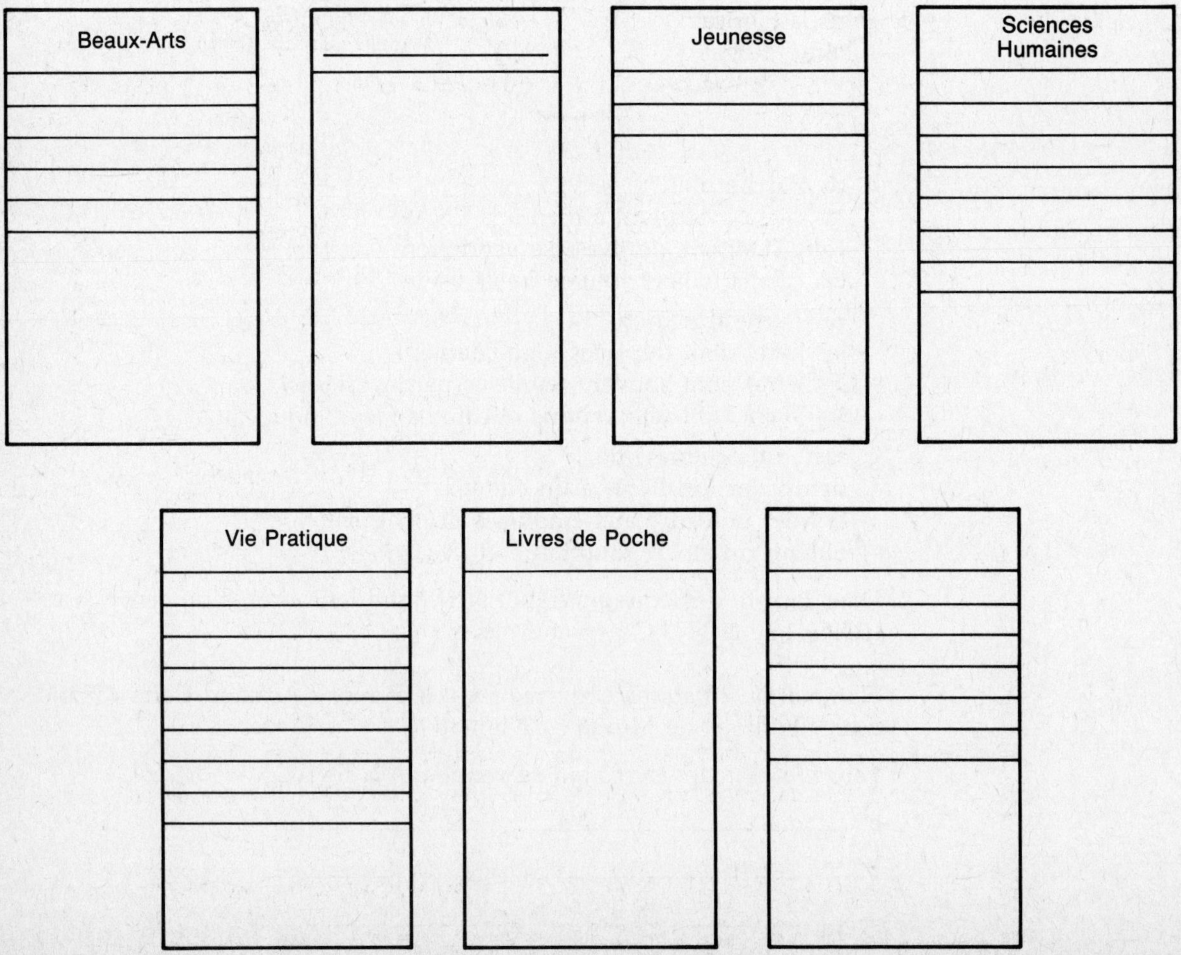

Beaux-Arts	_____	Jeunesse	Sciences Humaines

Vie Pratique	Livres de Poche	

Réécoutez le passage et complétez chaque rayon. Indiquez, là où il le faut, la rubrique du rayon et les sous-catégories dans chaque rayon (quand la locutrice les donne). Aidez-vous des mots que vous avez appris ci-dessus (G. 1.).

H. Réécoutez toute l'interview et faites une liste des différents points dont parle la locutrice.

1. **les produits vendus à la FNAC**

2. _____

3. _____

4. _____

5. _____

Maintenant, pour chaque point, préparez-vous à reconstituer en classe oralement l'information que donne la locutrice sur la FNAC.

III. Pratique de la langue

A. **Lexique**

1. Dans la fabrication et la diffusion d'un livre, les personnes de la colonne de gauche sont impliquées et les opérations de la colonne de droite sont exécutées. Dites quelle personne fait quelle opération en faisant correspondre les deux colonnes. <u>Attention!</u> Il y a des personnes qui font plusieurs opérations.

1. l'écrivain, l'auteur (féminin identique)	a. analyser l'œuvre
	b. lire l'œuvre
2. le / la romancier -ière	c. présenter et annoter le texte
3. le / la dramaturge	d. écrire un roman
4. le critique littéraire (féminin identique)	e. écrire
	f. écrire une pièce de théâtre
5. le / la journaliste	g. obtenir le prix littéraire
6. le / la lecteur -trice	h. prêter les livres aux lecteurs
7. l'imprimeur (féminin identique)	i. proposer le livre au libraire
	j. diffuser le livre
8. l'éditeur -trice sens 1: sens 2:	k. vendre le livre
	l. publier le livre
9. le / la libraire	m. faire un compte rendu du livre
10. le / la représentant(e)	n. poser des questions à l'auteur
11. le / la bibliothécaire	o. imprimer

2. A l'aide du dictionnaire, trouvez les substantifs qui correspondent aux verbes suivants:

Modèle   présenter   **la présentation d'un livre**

reproduire   _____

imprimer   _____

lire   _____

diffuser   _____

vendre   _____

éditer   _____

tirer (pour un livre)   _____

paraître (pour un livre)   _____

3. Classez les ouvrages de la liste suivante selon les cinq rubriques proposées.

un annuaire / des souvenirs / un conte / un recueil / un journal intime / un guide / un dictionnaire / des mémoires / une pièce de théâtre / une thèse / une nouvelle / une bibliographie / une biographie / un compte rendu / un roman / une encyclopédie / une critique littéraire / une B.D. / une anthologie / un récit

I	II	III	IV	V
Ouvrages contenant des renseignements pratiques	*Livres racontant la vie d'un homme*	*Œuvres littéraires ou de fiction*	*Livres contenant plusieurs œuvres ou extraits*	*Ouvrages de critique*
_____	_____	_____	_____	_____
_____	_____	_____	_____	_____
_____	_____	_____	_____	_____
_____	_____	_____	_____	_____

IV. Sensibilisation culturelle

Jeune lecteur près du Palais-Royal

Etude d'un sondage

Vous lisez beaucoup plus que vos aînés

Alors qu'un Français sur quatre de plus de 15 ans ne lit aucun livre sur une année, vous n'êtes qu'un sur quinze à être dans ce cas (et encore, les lectures scolaires et universitaires ne sont pas prises en compte* ici). Vous avez presque tous un livre en cours de lecture. Votre intérêt pour la lecture est tel que* le prix des livres a peu d'incidence*: vous empruntez ou vous achetez de toute façon!

	Ensemble	Filles	Garçons	Lycéens	Etudiants
Aucun	7.1	4.9	9.6	7.6	6.7
1	23.5	24.3	22.6	28.1	19.1
2 ou 3	35.5	38.5	32	37.2	33.8
4 ou 5	15.8	15.9	15.8	12.1	19.3
Plus de 5	12.8	11.9	13.9	10.5	15.1
Plus de 10	5	4.3	5.8	4.3	5.6
Non-réponses	0.3	0.2	0.3	0.2	0.4

	Ensemble	Filles	Garçons	Lycéens	Etudiants
Oui	68.4	72.1	64.2	66.3	70.4
Non	29.5	25.6	33.9	32.6	26.5
Non-réponses	2.1	2.2	1.9	1.1	3.1

	Ensemble	Filles	Garçons	Lycéens	Etudiants
Non, j'aime les livres	42.8	43.4	42.2	44.8	41
Non, j'en emprunte	26.5	26.5	26.4	28.1	25
Oui	27.4	26.4	28.6	23.4	31.1
Non-réponses	3.3	3.7	2.8	3.7	2.9

Au hit-parade : romans, B.D.* et livres spécialisés

Comme la majorité des Français qui lisent, vous aimez les romans (les filles plus que les garçons, les lycéens plus que les étudiants). Les livres spécialisés (histoire, musique, sport, cinéma, voyages, sciences et technologie, etc.), ont la cote.*

La B.D. séduit, d'autant plus* que les études sont intenses. Polars* et S.F.* attirent une personne sur trois, avec une nette* préférence masculine.

	Ensemble	Filles	Garçons	Lycéens	Etudiants
Romans	78.3	85	70.6	80.1	76.6
Livres spécialisés	70.2	69	71.6	66.3	73.9
BD	66.9	63.1	71.2	65.3	68.5
Biographies	44	50	37.3	37.2	50.5
Polars	39.8	35.9	44.4	33.7	45.6
SF	32.5	26.4	39.4	31.4	33.5

Un lieu privilégié : le lit!

Le lieu de prédilection est la chambre, mieux, le soir au lit avant de s'endormir. Le rapport aux livres est intime, l'instant privilégié. C'est aussi ce que révélait un sondage Louis Harris / *La Croix* réalisé en janvier dernier.

	Ensemble	Filles	Garçons	Lycéens	Etudiants
Dans les transports	8.8	9	8.5	4.3	1.3
En bibliothèque	7.5	6	9.4	4.1	10.7
Le soir avant de dormir	63.3	65.4	61	73.5	53.8
A un moment réservé à la lecture	15.4	14.8	16.2	13.8	17
Dans certaines librairies	2.5	2.2	2.8	2.1	2.9
Non-réponses	2.5	2.6	2.1	2.2	2.7

(à suivre)

Une seule motivation : le plaisir!

Hors des* livres imposés par les études, la lecture est une partie de plaisir. Vous êtes tous unanimes à déclarer lire par goût* et non par obligation. Vive la liberté!

	Ensemble	Filles	Garçons	Lycéens	Étudiants
Par goût	82.4	86.5	77.6	80.9	83.8
Par obligation	16.5	12.7	20.9	17	16.1
Non-réponses	1.1	0.8	1.5	2.1	0.1

Le choix : sur recommandation personnelle

''Apostrophes''* ou la pub* des éditeurs n'ont pas grande influence sur votre choix. Le titre et la couverture, le nom de l'auteur non plus! Les critiques dans la presse écrite ont plus de poids (1 sur 6), mais ce qui détermine, vous invite résolument à lire un livre plus qu'un autre, c'est le bouche-à-oreille*, le récit des amis, la confiance dans l'opinion de ceux que vous connaissez.

	Ensemble	Filles	Garçons	Lycéens	Étudiants
Émission de télé	7	7.9	6	6.8	7.2
Émission de radio	1.5	1.1	1.9	0.6	2.3
La publicité	6.1	6	6.2	5.3	6.8
Les critiques	14.6	13.6	15.8	14.6	14.7
Une recommandation	40.3	40.7	39.9	43.1	37.7
Le titre	9	9.2	8.7	9.7	8.3
Le nom de l'auteur	12.3	12.7	11.7	9.7	14.7
La couverture	2.9	2.1	3.8	4.5	1.4
Non-réponses	6.3	6.7	6	5.7	6.9

Les auteurs préférés : musts et coups de cœur

Vous avez donné plus de sept cents noms d'auteurs préférés. Les cinquante premiers sont en majorité des «valeurs sûres», les classiques du roman, de la B.D., du polar, les pionniers de la S.F., quelques grands noms de la poésie. Les autres représentent tous les genres littéraires et beaucoup de cultures différentes. Vous lisez sans contraintes apparentes, à l'abri* de modes et des coups de pub.

	Auteur	%		Auteur	%
1	Zola	16,335	26	Hemingway	2,988
2	Christie	9,861	27	Pral	2,888
3	Vian	9,462	28	Dostoïevski	2,789
4	Hugo	9,163	29	Bretecher	2,689
5	Camus	9,064	30	Sulitzer	2,689
6	Sartre	6,873	31	Troyat	2,590
7	Baudelaire	6,574	32	Gide	2,590
8	Maupassant	6,375	33	Chase	2,490
9	Balzac	6,076	34	Proust	2,490
10	Hergé	6,076	35	Dard	2,490
11	Steinbeck	4,980	36	Deforges	2,490
12	Reiser	4,880	37	Colette	2,390
13	Stendhal	4,781	38	Simenon	2,390
14	Barjavel	4,681	39	Bradbury	2,390
15	Duras	4,183	40	Mac Cullough	2,291
16	Bazin	3,884	41	Kafka	2,191
17	Flaubert	3,884	42	Tolstoï	2,191
18	Pagnol	3,685	43	Clavel	2,092
19	Goscinny	3,586	44	Villiers (de)	2,092
20	Mollère	3,586	45	Huxley	2,092
21	Gotlib	3,586	46	Freud	2,092
22	Mauriac	3,386	47	Rimbaud	1,992
23	Voltaire	3,287	48	Céline	1,992
24	Franquin	3,088	49	Orwell	1,992
25	Tournier	2,988	50	Poe	1,992

Vocabulaire du sondage

en compte: en considération

tel que: si grand

incidence: effet

B.D.: bande dessinée

ont la cote: sont appréciés

d'autant plus: encore plus parce que

«polars»: romans policiers

S.F.: science fiction

nette: marquée

hors des: en dehors des, à part les

goût: amour, plaisir

Apostrophes: célèbre émission littéraire à la télévision, animée par le charismatique Bernard Pivot

pub: publicité

bouche-à-oreille: recommandation à quelqu'un

à l'abri: protégés, loin

1. Regardez seulement les tableaux du sondage reproduit ci-dessus. Ce sondage sur les Français et la lecture a été réalisé en France en 1986. Pouvez-vous dire auprès de quelles catégories de la population scolaire et donner approximativement la tranche d'âge pour chaque catégorie?

   Catégorie   *Age*

   _____   _____

   _____   _____

2. En haut de chaque tableau (excepté le dernier), la question posée a été effacée. Voici la liste en désordre des sept questions posées:

   Que lisez-vous?

   Où et quand lisez-vous?

   Lisez-vous un livre en ce moment?

   Le prix des livres vous empêche-t-il de lire?

   Pourquoi lisez-vous?

   En dehors de ce qui concerne votre cursus scolaire ou universitaire, combien de livres lisez-vous par mois?

   En fonction de quoi choisissez-vous un livre?

   Lisez attentivement le texte qui précède chaque tableau et retrouvez dans la liste ci-dessus la question qui convient à chaque tableau. Ecrivez la question dans la case au-dessus du tableau.

3. Le sondage établit une différence entre les garçons et les filles. Relevez dans les tableaux et dans le texte deux ou trois différences entre les deux catégories. (Ecrivez des phrases complètes au comparatif.)

   Modèle   **Les filles lisent plus de romans que les garçons.**

   _____

   _____

   _____

4. Voyez-vous aussi des différences en matière de lecture entre les lycéens et les étudiants? (Donnez-en trois. Utilisez aussi le comparatif.)

   _____

   _____

   _____

5. Les jeunes Français continuent à lire. Relevez dans les tableaux et dans le texte trois ou quatre éléments qui en sont la preuve. (Ecrivez des phrases complètes.)

   _____

   _____

   _____

   Pourquoi lisent-ils surtout?

   _____

6. Regardez le dernier tableau **Les auteurs préférés** et placez les auteurs que vous connaissez sous la colonne qui convient. Consultez votre voisin(e).

Romanciers français du XXe siècle	Romanciers français du XIXe siècle	Romanciers américains
_____	_____	_____
_____	_____	_____
_____	_____	_____
_____	_____	_____
_____	_____	
_____	_____	
_____	_____	
_____		
_____		

Romanciers russes	Auteurs français de B.D.
_____	_____
_____	_____
_____	_____
_____	_____

Auteurs de polars	Auteurs de S.F.
_____	_____
_____	_____
_____	_____
_____	_____

V. Production libre

A. **Orale**

1. **Que lisez-vous?** Enquête dans la classe sur la lecture à partir du sondage sur les jeunes Français et la lecture (voir section Sensibilisation culturelle).

Divisez la classe en deux et désignez deux enquêteurs / -trices. Chaque enquêteur pose les questions du sondage aux membres de chaque groupe et, ensuite, expose les résultats à la classe, en les comparant aux réponses des jeunes Français. Enfin, l'ensemble de la classe peut analyser les résultats et en tirer des conclusions sur le déclin ou au contraire le maintien du goût de la lecture, etc. parmi les étudiants de votre pays.

Vous pouvez ajouter d'autres questions au sondage, si vous voulez. Par exemple, si vous lisez peu, quelles autres activités culturelles préférez-vous faire parmi les suivantes?

écouter un concert / regarder la télévision / pratiquer un sport / visiter un musée / bricoler / écrire, peindre / jouer un instrument de musique / écouter la radio / autre

2. **Discussion sur les magasins de votre ville et sur les courses.** En groupes de deux, trois ou quatre, interrogez-vous sur les magasins où vous faites vos achats.

   a. Où achetez-vous d'habitude les fruits et légumes? les vêtements? les produits pharmaceutiques? Pour quelles raisons fréquentez-vous ces magasins?

      prix intéressants / efficacité du service / qualité des produits / amabilité des vendeurs / décor du magasin / facilité de stationnement…

   b. Où préférez-vous faire les courses? Dans une épicerie de quartier, dans une épicerie fine? au marché? au supermarché? Expliquez les raisons de vos préférences.

   c. Est-ce que vous préférez faire tous vos achats en une seule journée, une fois par semaine ou faire les courses tous les jours? Quels sont les avantages et les inconvénients de chaque formule?

3. **Comparaison des éditeurs français.** Allez à la bibliothèque, empruntez un ouvrage publié par une des maisons d'édition mentionnées dans la section **Compréhension, F.2,** page 37, et apportez-le en classe.

   Montrez votre livre aux membres de la classe et dites qui en est l'auteur en précisant s'il se trouve dans la liste des auteurs préférés (**Sensibilisation culturelle,** page 42), de quel siècle il est (section IV, 6, page 44) et de quelle sorte d'ouvrage il s'agit (section III, 3, page 40).

   Comparez l'ensemble des ouvrages apportés en classe en vue de savoir le nom des différents éditeurs représentés, celui qui est le mieux représenté et si tous les éditeurs de la section II, F.2 sont représentés.

   Quelles sont vos conclusions? (Quelle collection se spécialise en quelle catégorie de livre? Pourquoi certaines ne semblent-elles pas se trouver à la bibliothèque?, etc.)

B. **Production écrite**

1. Ecrivez une description détaillée (100–150 mots) de votre magasin préféré ou d'un magasin idéal. Pensez aux étalages de produits, aux rayons, aux vendeurs, à la clientèle…

2. La lecture occupe-t-elle tous vos loisirs? Si non, avez-vous un autre passe-temps favori ou même une passion pour un sport, un jeu, la té-

lévision, le cinéma... ? Racontez comment vous avez pris goût à cette occupation et décrivez-la. Si rien ne vous passionne en ce moment, vous pouvez toujours décrire une passion que vous aviez quand vous étiez enfant (150–200 mots).

3. D'après le sondage de la **Sensibilisation culturelle,** la majorité des jeunes Français se fient de préférence à l'opinion des autres quand ils choisissent un livre.

Avez-vous lu un bon livre récemment? Si oui, faites-en une brève critique (150–200 mots) où vous utiliserez le vocabulaire de la **Pratique de la langue.** <u>Attention!</u> Votre recommandation est destinée à un lecteur ou une lectrice de votre âge.

4

Est-ce que vous pouvez expliquer ce qu'est un bon camembert?

I. Préparation à l'écoute

A. Que font les personnes que vous voyez sur la photo?

_____

_____

_____

Où sont-elles?

_____

B. Pouvez-vous lire le nom et le prix d'un ou deux fromages?

_____

_____

C. Connaissez-vous un ou deux de ces fromages?

_____

_____

_____

D. **Prédictions**

Dans l'interview, le marchand photographié à la page précédente va décrire des fromages. Vous connaissez sans doute des fromages français autres que ceux sur la photo. En vous basant sur vos connaissances, essayez de prédire un ou deux fromages dont la personne interviewée va parler.

_____

_____

II. Compréhension

A. Ecoutez l'interview en entier une seule fois.

1. Corrigez au besoin votre réponse à la question 1 de la **Préparation à l'écoute:** _____

2. La personne interviewée:

donne les prix de certains fromages français ☐

décrit son magasin ☐

décrit quelques fromages français ☐

parle de la fabrication du fromage ☐

mentionne sa clientèle française ☐

donne la région d'origine de certains fromages ☐

B. Ecoutez du début jusqu'à «...gourmands de fromages.»

1. Les chiffres. Combien...

   a. de variétés de fromages y a-t-il en France? _____

   b. de variétés de fromages le locuteur vend-il?

   Entre _____ et _____

2. D'après le marchand de fromages, comment sont les Français?

   (Relevez un adjectif) _____

   Cette qualité des Français l'oblige:

   à vendre une grande quantité de fromages ☐

   à vendre des fromages de qualité ☐

C. Ecoutez la suite jusqu'à la fin.

1. Identifiez sur la bande les adjectifs de la colonne de gauche, puis cherchez dans la colonne de droite un objet que vous pouvez décrire avec l'adjectif de la colonne de gauche.

   1. rond   a. un vin de Provence

   2. plat   b. des gants de cuir

   3. épais   c. un rubis

   4. rougeâtre   d. l'odeur d'une Gauloise

   5. rosé   e. un abricot pas très mûr

6. souple   f. un dessin de Michel-Ange

7. élastique   g. une plaine

8. fort   h. une roue

9. carré   i. un dictionnaire de 2.000 pages

10. orangé   j. la laine d'un mouton

11. bistre   k. le caoutchouc

12. frisé   l. un mouchoir

2. Maintenant, complétez les cases blanches du tableau suivant, en indiquant le poids, la taille, la forme, etc. de chaque fromage que décrit le locuteur. <u>Attention!</u> Utilisez les mots ci-dessus (C.1. colonne de gauche).

	poids	taille	forme	couleur de la croûte	épaisseur	consistance	odeur
Saint-Nectaire							
Saint-Marcellin							
le bon Camembert	200 grs	10 cm de diamètre					
Pont-L'Evêque							

D. Réécoutez la description du Saint-Marcellin, c'est-à-dire de «**on peut peut-être après le Saint-Nectaire prendre l'exemple du Saint-Marcellin**» jusqu'à… «**Ceux-là viennent… par Rungis.**»

Entourez sur la carte de la page suivante:

1. les montagnes dans lesquelles se trouve l'Isère.

2. la ville près de laquelle se trouve le Vercors.

E. Réécoutez le début de la description du Pont-l'Evêque de «**ben on va passer peut-être à un fromage qui a la réputation…**» jusqu'à «**une particularité c'est ce qu'on appelle une croûte lavée.**»

1. Entourez d'un cercle, toujours sur la carte, la région française où est produit le Pont-l'Evêque.

2. Quel autre fromage, décrit avant par le locuteur, provient de cette région? _____

F. Réécoutez toute l'interview et choisissez un des fromages décrits par le fromager. Préparez-vous à le décrire à votre tour oralement à la classe ou écrivez un paragraphe sur ce fromage.

_____

_____

_____

_____

_____

_____

_____

III. Pratique de la langue

A. **Analyse du discours oral.** Voici la transcription de la première question de l'interviewer:

> «Bon je pense que on pourrait essayer si vous voulez bien de décrire peut-être euh deux ou trois fromages que vous choisiriez tant par leur forme que leur couleur que l'aspect euh goût et puis peut-être à partir de ces quelques notions de base sur ce fromage voir les problèmes d'affinage que peut poser tel ou tel type de fromage bon j'en cite quelques-uns le Saint-Nectaire, le…»

1. En écoutant le passage, indiquez dans la transcription les pauses par deux traits verticaux (//). Puis, dites quelle pause vous _semble_:

   a. une pause de respiration (le locuteur respire)

b. une pause d'hésitation (le locuteur cherche ses mots)

2. Qu'est-ce qui correspondrait dans le code écrit au mot **bon**?

_____

3. Encadrez dans la transcription les mots ou expressions qui indiquent d'une part que l'interviewer s'adresse à un interlocuteur et, d'autre part qu'il est très poli.

4. Soulignez un mot qui est répété trois fois dans la question. Parmi les trois fonctions suivantes de la répétition dans le code oral, quelle est celle de la répétition dans cette question?

a. Nécessaire, parce qu'il n'y a pas de synonyme.

b. Marque l'hésitation ou est une redite.

c. Expressive: pour produire un effet d'insistance.

B. **Vocabulaire**

1. **Les aliments.** Placez les mots de la liste ci-dessous dans la colonne qui convient.

des abricots / des oignons / un chou / des fraises / des haricots verts / un ananas / du poulet / un canard / des artichauts / des cerises / des poires / de l'ail / un morceau de lard / un steak / des haricots secs / un crabe / des pamplemousses / un gigot d'agneau / une dinde / des asperges / des moules / des petits pois / de la moutarde / des épinards / une côtelette de porc / des navets / du filet de bœuf / des aubergines / un homard / des tomates / des pêches / du persil / des crevettes / du vinaigre / des champignons / de l'huile / des huîtres / du thym / des poireaux / du laurier

Assaisonnement	Viandes	Volailles	Fruits de mer	Légumes	Fruits
_____	_____	_____	_____	_____	_____
_____	_____	_____	_____	_____	_____
_____	_____	_____	_____	_____	_____
_____	_____	_____	_____	_____	_____
_____	_____	_____	_____	_____	_____
_____	_____	_____	_____	_____	_____
_____	_____	_____	_____	_____	_____
_____	_____	_____	_____	_____	_____
_____	_____	_____	_____	_____	_____
_____	_____	_____	_____	_____	_____
_____	_____	_____	_____	_____	_____

Y a-t-il d'autres aliments que vous mangez et qui ne sont dans aucune colonne? Si oui, ajoutez-les.

2. **Les ustensiles de cuisine.** A l'aide de flèches, faites correspondre un mot de la colonne de droite à un dessin de la colonne de gauche.

1.

2.

3.

4.

5.

6.

7.

8.

9.

10.

11.

12.

a. un couvert (un couteau, une cuillère et une fourchette)

b. un rouleau à pâtisserie

c. un bol

d. une louche

e. une cocotte

f. une assiette

g. un plat

h. une passoire

i. une poêle

j. une casserole

k. une râpe

l. une soupière (et son couvercle)

3. **Les actions à faire dans la cuisine.** Faites correspondre un verbe de la colonne de gauche à sa définition dans la colonne de droite.

1. assaisonner
2. battre
3. (faire) bouillir
4. dorer
5. (faire) chauffer
6. (faire) cuire
7. égoutter
8. éplucher
9. frire
10. griller

a. faire cuire dans de l'eau très, très chaude

b. enlever les parties mauvaises d'un légume, par exemple la peau des pommes de terre

c. transformer un aliment par l'action du feu

d. faire cuire au four

e. mettre du sel et du poivre

f. tourner très fort avec une fourchette, par exemple des œufs

11. hacher
12. mélanger
13. (faire ou laisser) mijoter
14. râper
15. (faire) rôtir

g. faire cuire dans un peu d'huile ou de beurre pour donner la couleur de l'or, par exemple des oignons

h. retirer de l'eau avec une passoire

i. faire cuire très, très doucement

j. faire cuire dans de l'huile très, très chaude

k. faire cuire sur le gril

l. couper en tout petits morceaux

m. frotter sur une râpe, par exemple, du fromage

n. faire devenir chaud

o. combiner différents aliments pour en faire un tout

4. Voici la recette de la fondue savoyarde (recette de la Savoie). Malheureusement, les instructions sont en désordre. Remettez la recette dans le bon ordre en vous aidant des dessins donnés ci-dessous.

a. Faire cuire en remuant sans arrêt, jusqu'au moment où le fromage est liquide.

b. Pour manger la fondue, fixer un petit carré de pain au bout d'une fourchette et le tremper dans la fondue.

c. Ajouter 150 grammes par personne de fromage coupé en petits morceaux (gruyère, emmenthal).

d. Verser dans une casserole un verre de vin blanc par personne.

e. Assaisonner avec une bonne cuillère de kirsch et avec du poivre.

Vous pouvez choisir de faire le même exercice avec les crêpes bretonnes.

Remettez aussi la recette dans l'ordre.

a. Quand la crêpe est dorée sur un côté, la retourner ou la faire sauter et faire cuire l'autre côté.

b. Faire chauffer un peu de beurre dans une poêle.

c. Bien mélanger et verser peu à peu un demi-litre de lait. Laisser reposer la pâte pendant une heure.

d. Mettre dans un grand bol 250 grammes de farine, faire un puits, y casser 2 œufs. Ajouter une cuillère d'huile et une pincée de sel.

e. Mettre la crêpe dans une assiette, y étendre de la confiture, du miel... ou saupoudrer de sucre. Rouler la crêpe, la manger avec ses doigts en buvant du cidre.

f. Verser une louche de pâte sur le beurre chaud, en remuant la poêle pour bien étendre la pâte.

IV. Sensibilisation culturelle

A. Voici un extrait de l'*Histoire de la gastronomie en France*.

1. Lisez le titre et cherchez dans le 1er paragraphe qui avait «un appétit légendaire».

Un appétit légendaire

«*Dis-moi ce que tu manges et comment tu manges, et je te dirai qui tu es!*» Il n'est qu'à regarder, étudier, contempler Louis XIV à table pour se convaincre de la véracité de l'adage. Il n'est pas gourmet, mais gourmand. C'est un gros, très gros mangeur. Il a pleinement hérité du déjà légendaire appétit des Bourbons, que seul un état maladif a fait perdre à Louis XIII. En vérité, le Roi-Soleil s'empiffre*. Marie-Thérèse s'en offusque*. Mme de Maintenon* s'en «sent gênée», et les interventions des médecins restent, le plus souvent, sans effet.

«*J'ai vu le roi*, remarque la duchesse de Berry*, *et cela très souvent, manger quatre assiettes de différentes soupes, un faisan tout entier, une perdrix, une grande assiette pleine de salade, du mouton coupé en morceaux et dans son jus avec de l'ail, une assiette pleine de pâtisserie, de fruits et confitures.*»

«*Jamais de sa vie*, renchérit le mémorialiste Saint-Simon, *le roi n'a manqué d'appétit. Sans jamais avoir réellement faim ni besoin de manger, et aussi tard que le hasard le fasse se mettre à table, dès les premières cuillerées de potage, son appétit s'ouvre toujours.*» Il mange alors «*si prodigieusement et si solidement*», soir et matin, et d'une manière si égale, «*que l'on ne s'accoutume pas à le voir*».

A longueur d'année, le roi mange à son dîner comme à son souper une prodigieuse quantité de salade. Il aime que ses potages—plutôt des «plats garnis*» à l'époque—soient pleins d'épices, d'une quantité double au moins de ce qu'on y met ordinairement. L'âge venant, il dédaignera le pain qu'il appréciait autrefois : sa denture* n'est plus ce qu'elle était et l'oblige à ne plus se nourrir que de potages clairs et «plus bouillons», de hachis* légers et d'œufs. Fagon, son dernier médecin, lui fait servir, en début de repas, beaucoup de fruits à la glace : des mûres, des melons et des figues dont il mange jusqu'à quinze à la suite, rapportent les *Mémoires* de Villars.

Le duc d'Orléans, époux de l'énorme princesse Palatine, très grosse mangeuse elle aussi, et qui n'apprécie que les plats de son Allemagne natale, ne le cède en rien à son frère sur le plan de l'appétit. «*Il mange extrêmement à tous ses repas, sans parler du chocolat abondant le matin et tout ce qu'il avale de fruits, pâtisseries, confitures et de toutes sortes de friandises** *toute la journée, dont les tables de ses cabinets* et ses poches sont toujours remplies.»* Saint-Simon, auquel nous empruntons ce portrait de Monsieur, frère du roi, rapporte également l'avoir vu se «crever de poisson» au cours d'un souper.

Christian Guy, *Histoire de la gastronomie en France*

s'empiffre: mange avec excès

s'en offusque: en est choquée

Mme de Maintenon: gouvernante des enfants du roi, qui plus tard épousera Louis XIV

la duchesse de Berry: dame de la cour de Versailles

plats garnis: plats composés de viande ou de poisson, accompagnés de légumes

sa denture: ses dents

hachis: viande ou légumes hachés très fin

friandises: des sucreries, des bonbons

ses cabinets: ses bureaux

2. Finissez de lire le texte en vous aidant de la définition des mots donnée sous le texte et relevez les renseignements suivants sur l'entourage de Louis XIV.

   a. le nom de la famille royale à laquelle appartenait Louis XIV:

   _____

   b. le nom de son père: _____

   c. le nom de son frère: _____

   d. le nom de deux mémorialistes de son règne: _____

3. Que savez-vous sur Louis XIV?

   a. A quel siècle a-t-il régné? _____

   b. Quel château a-t-il fait construire? _____

   Si vous ne le savez pas, cherchez dans une encyclopédie ou dans le Petit Robert des noms propres.

4. Relisez le 1ᵉʳ paragraphe.

   a. Quels mots, dans ce paragraphe, reprennent en la développant l'idée d'**appétit,** annoncée dans le titre?

   gourmand, _____

   _____

   b. Expliquez la différence entre **gourmet** et **gourmand,** en complétant les définitions suivantes. Utilisez vos propres mots.

   gourmet: se dit d'une personne qui _____

   gourmand: se dit d'une personne qui _____

   c. Quelles sont les réactions des personnages suivants devant l'appétit du roi?

   la reine _____

   Mme de Maintenon _____

   Saint-Simon _____

5. Relisez le 4ᵉ paragraphe. Faites:

   a. la liste des mets préférés de Louis XIV: _____

   _____

   b. la liste des mets qu'il mangeait dans sa vieillesse:

   _____

6. Relisez le dernier paragraphe.

   a. Quelles sucreries le duc d'Orléans mangeait-il?

   _____

   b. Quand? _____

7. Relisez tout le texte et dites si les phrases suivantes sont vraies ou fausses. Corrigez le sens quand il est faux.

   a. Louis XIV prenait ses repas à des heures régulières.

   _____

   b. Il mangeait même s'il n'avait pas faim.

   _____

   c. Son père a eu bon appétit jusqu'à la fin de sa vie.

   _____

   d. A certains repas, Louis XIV ne mangeait que de la salade.

   _____

   e. Le duc d'Orléans avait aussi bon appétit que le roi.

   _____

   f. La belle-sœur de Louis XIV appréciait la cuisine française.

   _____

   g. Le frère du roi est mort empoisonné après avoir mangé du poisson.

   _____

V. Production libre

A. **Orale**

1. Interrogez votre voisin(e) sur ses goûts et habitudes alimentaires. Par exemple, posez des questions sur:

   a. le régime alimentaire quotidien

     Qu'est-ce que tu manges au petit déjeuner / au déjeuner / au dîner?

   b. le plat préféré

     Quel plat te fait le plus de plaisir? (fruits de mer / gigot / grillade / rôti / plat étranger: paella,… ?)

   c. la cuisine préférée

     Dans quel pays du monde mange-t-on le mieux / le plus mal? Quelle cuisine étrangère préfères-tu?

2. **Organisation d'un repas-fromage.** Votre classe veut organiser un repas-fromage. Aidez-vous de la brochure ci-après pour l'organiser.

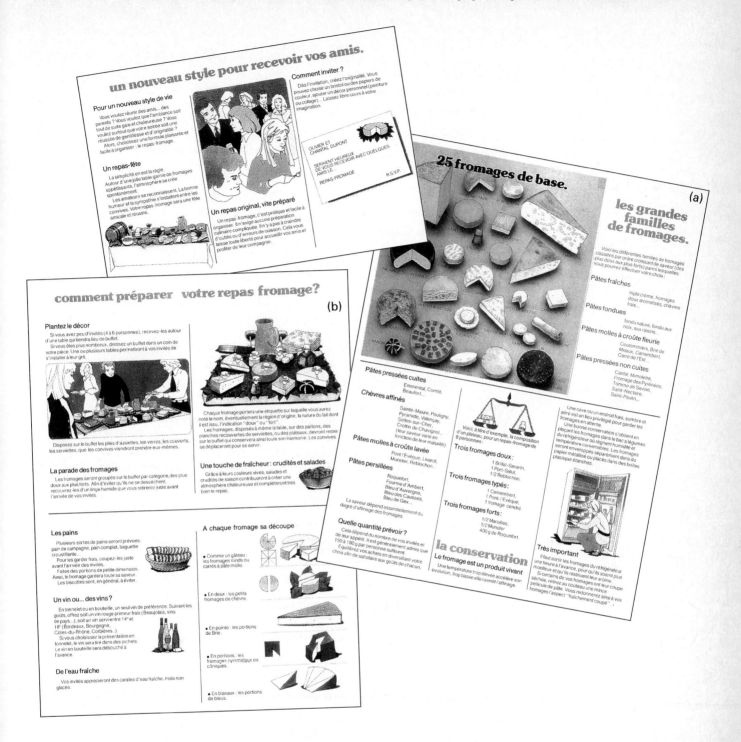

a. Divisez la classe en quatre groupes.

—un groupe s'occupe de l'achat des fromages et décide (lisez la page (a)

des variétés à acheter

des quantités à prévoir (selon le nombre d'étudiants)

de la personne ou des personnes qui achèteront le fromage

du lieu où l'acheter dans votre ville

de l'endroit où les conserver

—un groupe s'occupe des boissons et décide (lisez la page (b)

    des types de vin à acheter

    des autres boissons à inclure

    des températures des boissons

    du magasin où les acheter

—un groupe s'occupe du pain et décide (lisez la page (b)

    des types de pain à acheter

    des quantités

    de la découpe du pain

    de sa conservation

—un groupe s'occupe de la table et décide (lisez la page (b)

    du lieu où la classe fera le repas

    de l'organisation de la table

    de la disposition des fromages

    des couverts à inclure: assiettes, etc.

b. Puis un porte-parole de chaque groupe fait part à la classe des décisions prises au niveau du groupe: **Nous avons décidé d'acheter...; Il faut...; Nous nous réunirons...**

3. **Echange de recettes.** Communiquez à votre voisin(e) une recette que vous connaissez bien. Choisissez de préférence une recette française. Pensez à la **quiche lorraine,** au **bœuf bourguignon,** à la **salade niçoise,** au **coq au vin,** au **pot au feu,** au **cassoulet,** aux **crêpes Suzette,** à la **mousse au chocolat...** Aidez-vous du vocabulaire dans la section **Pratique de la langue** et utilisez les structures suivantes:

a. pour la liste des ingrédients, **il faut**

—**il faut 150 grammes de sucre**

b. pour les instructions, les verbes à la 2e personne du singulier

—*tu prends une casserole*

—*tu fais bouillir 2 litres d'eau*

Chaque personne à qui est communiquée une recette prend des notes et, pour prouver qu'elle a compris la recette, fait le plat à la maison et l'apporte en classe. La classe déguste alors les plats.

4. **Emission télévisée** (en groupes de trois).

a. Vous aurez besoin d'un caméscope pour filmer votre vidéo. Demandez à votre professeur de vous en procurer un ou louez-en un dans un magasin.

Imaginez que votre classe a été choisie par la télévision française pour présenter une émission sur les spécialités culinaires de votre pays. En classe, choisissez un plat régional ou national. Recherchez-en la recette, puis faites la liste des ingrédients et des ustensiles dont vous aurez besoin. Décidez où et quand votre groupe se réunira pour mettre au point votre démonstration et la filmer. Chez vous ou au laboratoire de langue, rassemblez les ustensiles et ingrédients nécessaires, faites d'abord une répétition sans filmer. Filmez ensuite votre démonstration, puis vérifiez-la.

b. **Présentation collective.** La classe peut voter et décerner des prix pour la démonstration la plus originale, la mieux réalisée, la plus amusante, etc.

B. **Production écrite**

1. Vous écrivez à votre correspondant(e) en France. Vous lui communiquez par écrit une recette de cuisine de votre pays. Utilisez les structures suivantes.

   a. pour les ingrédients, **il faut** (attention aux articles partitifs):
      Il faut 2 litres de lait.

   b. pour les instructions, la 1re personne du singulier:
      Je mets 250 grammes de farine dans un bol.

2. **Rédaction d'une lettre** (en groupes de deux). Vous avez des amis français qui sont de véritables gastronomes. Ils projettent de faire un voyage dans votre pays et vous ont demandé d'établir pour eux un itinéraire en fonction des spécialités culinaires à ne pas manquer. Avec votre partenaire, faites une liste de toutes les spécialités qui vous viennent en tête. Pensez aux homards du Maine, aux steaks de Kansas City,... et établissez l'itinéraire de façon logique.

   En classe ou chez vous, rédigez une lettre (100–150 mots). Vous pouvez ajouter d'autres conseils qui vous paraissent utiles.

5

Quel sport tu fais?

I. Préparation à l'écoute

Jeunes gymnastes à l'entraînement   Un sport dans le vent: la planche à voile

A. **Travail à partir du dictionnaire.** En groupes de deux ou seul(e), cherchez dans le Micro-Robert:

1. à l'entrée **athlétisme,** les sports compris sous ce terme. Ecrivez-les:

_____

_____

_____

_____

a. S'agit-il de sports **individuels** ou de sports **d'équipe**?

_____

b. Par quel mot (de la même famille) désigne-t-on le sportif qui fait de l'athlétisme? _____

2. à l'entrée **épreuve,** le sens de ce mot dans le domaine du sport.

Ecrivez-le: _____

3. à l'entrée **entraîner,** le sens de ce verbe dans le contexte du sport. Est-ce le sens donné dans l'entrée 1 ou dans l'entrée 2? _____

   a. Quels sont les deux noms qui correspondent à ce verbe?

   _____   _____

   b. Et quel est le sens de chacun?

   _____

   _____

B. **Prédictions**

Vous allez entendre dans la section **Compréhension** des enfants et des adolescents qui font partie d'un club d'athlétisme. Vous vous attendez à ce qu'ils

   a. pratiquent quels sports? _____

   b. fassent du sport pour quelles raisons? _____

   c. aient quelle personne à la direction du club? _____

II. Compréhension

A. Ecoutez l'interview une seule fois en entier.

   1. Combien de voix avez-vous entendues? _____

   2. Quelle est la personne interviewée en dernier? _____

   3. Et quelles sont les personnes interviewées en premier? _____

   _____

B. Ecoutez du début jusqu'à «...**le premier là.**»

   1. Pour situer le lieu de l'interview, dites:

      a. dans quelle région se trouve le stade de la ville de Drancy.

      _____

      b. si l'interview a lieu

      dans le gymnase   ☐

      ou dans la salle de conférence   ☐

   2. Pourquoi les jeunes viennent-ils au stade? _____

   _____

   3. La personne interviewée dans ce passage est-elle...?

   un journaliste   ☐

   un entraîneur   ☐

   un jeune sportif   ☐

   Quels indices vous permettent d'identifier son rôle? _____

   _____

   _____

   _____

C. Ecoutez la suite jusqu'à «**bon merci.**»

1. L'interviewer interroge deux jeunes sportifs, un «minime» et un «cadet».

    a. quel âge a un minime? _____

    b. et un cadet? _____

2. Le cadet fait de la «course de vitesse» ou de la «course de fond»?

    _____

3. Le cadet parle des résultats qu'il a obtenus en compétition. Selon lui,

    des courses se passent _____ (relevez deux mots),

    d'autres se passent _____ (relevez deux mots).

    La dernière course qu'il a faite s'est passée _____

    (relevez quatre mots) puisqu'il a fini _____ (relevez son rang).

4. Lorsque le cadet dit «non, non, on n'était pas 15», à qui s'adresse-t-il?

    _____

    Pouvez-vous restituer la plaisanterie inaudible à laquelle il répond?

    _____

5. Dans le contexte de l'interview, le verbe **se défoncer**

    a le sens propre de **se briser, se casser**   ☐

    a le sens familier de **faire un grand effort**   ☐

    a. Le sens que vous avez coché est-il dans le dictionnaire? _____

    b. S'il n'est pas dans le dictionnaire, pourquoi, selon vous?

    _____

D. Ecoutez la suite jusqu'à «**... c'est pas pareil que l'école quoi.**»

1. Relevez l'âge _____ et la catégorie _____ de la joueuse.

2. Dans la liste ci-dessous, soulignez le / les sport(s) que fait la joueuse:

    100 mètres / 200 mètres / 400 mètres / 800 mètres / 1.500 mètres / haies / relais / marche / cross / marathon / saut en hauteur / saut en longueur / triple saut / poids / javelot

Maintenant, répartissez les sports qu'elle fait dans les trois colonnes suivantes:

Au moment de l'interview	D'habitude	En compétition
_____	_____	_____
_____	_____	_____
_____	_____	_____

3. Trouvez une expression synonyme de **une atmosphère sympathique:**

    _____

4. Maintenant, énumérez au moins deux raisons pour lesquelles la fille fréquente le club d'athlétisme:

a. _____

b. _____

E. Ecoutez la suite jusqu'à «**...en ce qui concerne une section.**»

1. Comment décrit-il en général son rôle? _____
(relevez un adjectif)

2. Le locuteur a reçu une formation de «handball». Puis il s'est reconverti

dans quel sport? _____

3. Il donne des exemples de tâches que doit accomplir un dirigeant.

Relevez celle qu'il mentionne deux fois: _____

Et une autre tâche: _____

Comment résume-t-il ce travail? (cherchez un adjectif) _____

F. Ecoutez la suite jusqu'à «**par la mairie.**»

1. Identifiez les mots de la colonne de gauche sur la bande, puis cherchez dans la colonne de droite la définition de chaque mot de la colonne de gauche.

1. financement   a. salles de réunion et d'entraînement

2. subvention   b. terrain de sport

3. locaux   c. aide financière accordée à une association par l'Etat

4. stade   d. action d'obtenir de l'argent

2. Relevez les renseignements suivants.

a. Nombre d'athlètes dans le club: _____

b. Subvention annuelle accordée au club: _____
anciens francs ou centimes.

c. Maintenant, calculez la subvention que reçoit le club pour chaque athlète: _____ centimes.

d. Enfin, convertissez ce chiffre en francs (sachant que 1 franc = 100

centimes): _____ et dans la monnaie de votre pays:

_____ .

3. Qu'est-ce qui est fourni «gracieusement»? _____

Par qui? _____

G. Ecoutez la suite jusqu'à la fin.

a. La **piste en cendrée** présente beaucoup de **lacunes**. On ne peut pas l'utiliser quand il fait quel temps?

_____

_____

_____

_____

b. Sa longueur est comment par rapport aux pistes internationales?

Elle fait _____ (en mètres), les

pistes internationales font _____ (mètres).

H. Réécoutez toute l'interview et dressez deux colonnes.

Dans celle de gauche, faites une liste des locuteurs interviewés, en les identifiant (par exemple, le minime...). Dans celle de droite, énumérez les points qu'aborde chaque locuteur. Vous aurez à les reconstituer oralement en classe.

Les locuteurs interviewés	*Les points abordés*

III. Pratique de la langue

A. **Analyse du discours oral.**

«Alors le stade euh a beaucoup de lacunes c'est pas les stades que vous rencontrez là-bas j'en suis persuadé qui sont sûrement plus beaux une piste en cendrée qui fait que lorsqu'il pleut comme aujourd'hui nous ne pouvons l'utiliser lorsqu'il neigeait nous ne pouvons toujours pas l'utiliser lorsqu'il va faire trop sec on pourra pas l'utiliser parce que c'est-à-dire que nous utilisons vraiment peu la cendrée dans l'année.»

Regardez ci-dessus la transcription d'un passage extrait de l'interview.

1. Il comprend les éléments suivants qui appartiennent au code oral:

   a. une hésitation. Relevez-la.

   _____

   b. des répétitions. Relevez les mots et les structures répétés.

   _____

   _____

   c. une phrase inachevée. Relevez-la.

   _____

   d. des traces de la communication. Relevez les pronoms sujets avec leurs verbes qui réfèrent aux deux interlocuteurs.

   _____

2. Si vous deviez rédiger ce passage en code écrit où mettriez-vous la ponctuation? Ajoutez-la dans le texte et indiquez les majuscules en début de phrase. Y a-t-il un / des mot(s) que vous devez barrer?

3. Remplacez **qui** dans **qui fait que lorsqu'il pleut** par un pronom relatif ou une conjonction qui appartiennent au code écrit.

   _____ ou _____

4. Pour introduire la conclusion, le locuteur utilise l'expression **c'est-à-dire que**. Quelle(s) conjonction(s) faudrait-il employer à l'écrit?

   _____

B. **Vocabulaire**

Un programme complet

Un programme complet

Montréal présente un programme complet où figurent 21 sports olympiques :

athlétisme	hockey
aviron	judo
basketball	lutte
boxe	natation, plongeon et
canoë	water-polo
cyclisme	pentathlon moderne
escrime	sports équestres
football	tir
gymnastique	tir à l'arc
haltérophilie	volleyball
handball	yachting

1. Regardez ci-contre la liste des sports qui figuraient aux jeux Olympiques de Montréal. Oralement, faites correspondre chaque objet de la liste d'équipement ci-contre au sport qui en a besoin.

   a. une embarcation

   b. une balle de cuir

   c. des rames

   d. un ballon

   e. un vélo

   f. des flèches

   g. une canne recourbée

   h. une épée

   i. un tremplin ou un plongeoir

   j. des poids et des haltères

   k. des gants

   l. un cheval

   m. un fusil

Brochure intitulée *Jeux de la XXIe Olympiade, Montréal*

2. Maintenant, placez chaque sport de la liste sous la colonne qui convient.

Sports d'équipe	Sports individuels	Sports de lutte	Sports nautiques

Puis complétez chaque colonne, en ajoutant les sports que vous connaissez, mais qui ne font pas partie des épreuves olympiques.

3. Les dix mots suivants ont été effacés du texte ci-contre. Restituez-les.

faute / joueurs / manches / filet / ballon / point(s) / camp / adversaire / équipes / volleyball

Maintenant, trouvez dans le texte:

a. un verbe qui signifie **jeter:**

_____

b. un verbe qui signifie **recommencer:**

_____

c. un verbe qui signifie **obtenir un avantage:**

_____

d. un verbe qui signifie **gagner:**

_____

Le Volleyball
Sport olympique depuis 1964

Origine et histoire
Le _____ a beaucoup de liens de parenté avec le basketball. Comme ce dernier sport, le volleyball est né aux Etats-Unis en 1892 et il est le fruit de l'imagination d'un moniteur du Y.M.C.A., cette fois du nom de William Morgan.

Un _____ sépare les deux _____ de six _____ dont la principale préoccupation est de renvoyer le _____ dans l'autre _____ avec la main, sans le retenir. Le service est repris ou un _____ est marqué chaque fois que l' _____ commet une _____, envoie le ballon hors des limites du jeu ou ne peut lui faire survoler le filet en direction du camp adverse. L'équipe gagnante est celle qui remporte trois _____ de 15 _____.

IV. Sensibilisation culturelle

Vocabulaire de l'article

souffle: bonne respiration, donc endurance

a lancé: a fait connaître par la publicité afin de vendre

bien chaussé: avec des chaussures qui lui vont bien

Un créateur qui ne manque pas de souffle : Nino Cerruti a lancé, en 1981, une ligne sport. (Chaussures : Adidas, Nike, Puma, Reebok.)

Un bon jogger doit savoir jogger... bien chaussé

PAR SOPHIE GRÉZAUD

OUREURS du dimanche ou amateurs avertis, adeptes des petites distances ou fanas de marathon : les Français sont le peuple au monde qui court le plus. Devant les Etats-Unis (où l'on enregistre une baisse du jogging au profit du walking) et l'Europe, la preuve en est que nous détenons le record du nombre de marathons ou de courses à pied organisés chaque année. Nous sommes trois millions à courir sur le béton des villes ou sur les chemins de campagne ou des forêts. Trois millions à recevoir, à chaque foulée, une onde de choc trois fois égale au poids du corps ! A partir de là, rien ne sert de courir... sans de bonnes chaussures, même pour ceux dont les parcours sont modestes.

Les phénomènes de mode, qualités esthétiques ou (sa) couleur, ne doivent pas intervenir dans le choix d'une chaussure de jogging. Elle doit répondre à plusieurs qua-lités techniques bien précises et doit être choisie chez un spécialiste et chez une marque qui a fait ses preuves. Les bonnes chaussures de jogging demandent une technique aussi poussée qu'un casque de football américain, qu'une paire de skis, c'est pour cela qu'elles sont chères et ce n'est pas parce que vous êtes un modeste coureur qu'il faut acheter une paire de chaussures à cent francs.

La chaussure de jogging doit avoir des qualités qui font qu'elle amortit les chocs, qu'elle garantit la stabilité du pied ainsi que son maintien directionnel. Amortir est le rôle de la semelle qui doit également être dynamique et légère. Les dessous de semelle sont adaptés soit au terrain stabilisé (bitume) ou non stabilisé (terre), ils peuvent être mixtes.

Il existe principalement deux types de composition pour les semelles : en mousse micro-cellulaire à cellules fermées qui a également un effet de ressort et qui est utilisée par la plupart des marques : Adidas avec la gamme ZX composée d'une dizaine de produits, Puma et son top de gamme la RX 787 avec une petite talonnette qui renforce ses qualités d'amortissement, Reebok le petit dernier qui essaie d'allier technique et esthétique, New Balance, la « Rolls » des chaussures de course qui est très chère...

Le second type de composition est la semelle à air, spécifique à Nike avec la ligne Air Max, qui est un procédé unique où le gaz inerte à grosses molécules est encapsulé dans une semelle à petites molécules lui donnant également des qualités de ressort.

La tenue du pied est réalisée par le serrage des lacets et par les renforts qui sont appliqués à l'enveloppe de la chaussure. En choisissant votre chaussure de jogging assurez-vous qu'elle a une demi-pointure en plus : les doigts de pied ne doivent pas toucher le bout de la chaussure. La chaussette est également importante. Achetez une chaussette de sport anti-glisse pour éviter les frottements : les nouvelles chaussettes Thyaux 2, anti-ampoules grâce à leur double épaisseur.

Pour les vêtements, vous pouvez jouer toutes les couleurs, toutes les modes à partir du moment qu'ils sont amples, confortables et que, pour l'hiver, ils sont chauds surtout au niveau des jambes pour éviter les risques de claquage. Des marques de sport aux supermarchés en passant par les créateurs (Cerruti, Castelbajac...), le choix est vaste. Pour la pluie, prévoyez des coupe-vent réalisés dans des tissus qui ont les propriétés de la peau en étant respirants : K Way 2 000 en tissu micro-poreux, ensemble parka et pantalon en goretex chez Fjäll Raven... ∎

avertis: expérimentés, qui ont de l'expérience

fanas: familier pour «fanatiques»: enthousiastes

une baisse: une diminution

détenons: avons

foulée: mouvement que l'on fait à chaque pas en courant

rien ne sert de courir: référence littéraire à une fable de La Fontaine (poète de l'époque classique à la cour de Louis XIV, deuxième moitié du XVIIe siècle). L'article cite le début du vers «Rien ne sert de courir, il faut partir à point» de la fable *Le lièvre et la tortue* dans laquelle une tortue, partant à temps, gagne une course sur un lièvre trop confiant en sa vitesse.

parcours: distances courues

fait ses preuves: a montré sa valeur, sa qualité

poussée: avancée

casque: chapeau qui sert à protéger la tête

amortit les chocs: rend les chocs moins violents

son maintien directionnel: s'assurer que le pied est fixé dans la bonne direction

mousse: matière synthétique qui ressemble à la mousse au chocolat!

de ressort: de rebondir = sauter à nouveau en l'air

gamme: série

serrage: action de serrer = fermer avec des lacets

renforts: pièces rajoutées pour rendre la chaussure plus forte

anti-glisse: qui empêche le pied de bouger

frottements: contacts et mouvements de la chaussure avec le pied

anti-ampoules: contre les lésions de la peau

claquage: de se claquer un muscle: se déchirer, s'abîmer, se casser un muscle

coupe-vent: veste qui protège du vent

parka: veste pour le sport

Questions. Numérotez les paragraphes de l'article ci-dessus de 1 à 7 et répondez.

1. Lisez d'abord le titre de l'article. D'après ce titre, pensez-vous que l'article va (cochez la réponse juste):

   a. donner des instructions sur la manière correcte de pratiquer le jogging ☐

   b. donner des conseils sur le choix du meilleur équipement pour faire du jogging ☐

   c. énumérer les bienfaits du jogging sur la santé ☐

2. Maintenant parcourez rapidement l'article en vous aidant de la définition des mots donnée ci-dessus.

   a. Avez-vous coché la bonne réponse? Vérifiez-le et corrigez au besoin.

   b. Très généralement, de quoi parle le 1er paragraphe?

   _____

   _____

   c. Trouvez dans le 1er paragraphe les synonymes des mots suivants qui sont dans le titre:

   un jogger _____ **jogger** _____

   et un synonyme de **jogging** _____

3. Relisez le 2e paragraphe. Pour acheter de bonnes chaussures de jogging, quels critères faut-il…

retenir   *écarter*

Il faut _____   *Il ne faut pas* _____

_____   _____

_____   _____

_____   _____

_____   _____

4. Relisez les paragraphes 3, 4 et 5 et complétez le tableau suivant en
   indiquant

   a. les deux qualités que doit avoir la chaussure de jogging

   b. les éléments techniques utilisés pour réaliser ces qualités

Qualités	Techniques
amortir les chocs _____	_____ les lacets et _____

   c. Inscrivez maintenant sur le dessin ci-dessous le vocabulaire que vous
      avez relevé dans la colonne de droite.

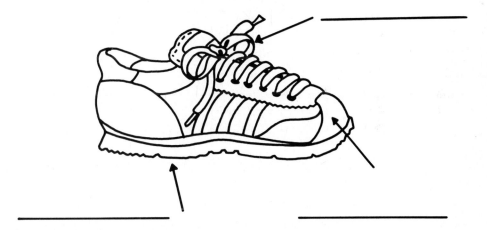

   _____   _____

   d. En quoi la semelle proposée par la firme Nike est-elle différente de

      celle vendue par les autres marques? _____

      _____

      _____

      _____

5. Les numéros des pointures françaises ne sont pas les mêmes que ceux
   des chaussures en Angleterre ou aux U.S.A. Dans le tableau suivant
   entourez d'un cercle votre pointure dans le système anglais ou
   américain. D'après les conseils donnés dans le paragraphe 6, quelle
   pointure de chaussures de jogging devriez-vous choisir en France?

   _____

Pointures G-B	U.S.A.	France
3	5	36
4	6	37
5	7	38
6	8	39
7	9	40
8	10	41
9	10.5	41
10	11	42
10	11	43
11	11.5	44
12	12	45

6. Relisez les deux derniers paragraphes. En dehors des chaussures, quels sont les autres articles que mentionne le texte? Inscrivez-les dans la colonne de gauche et complétez le tableau.

Articles	Protection contre quelles conditions atmosphériques?	Qualités	Pour éviter quels problèmes?
vêtement (pantalon)			

7. Regardez la photo. Elle vous donne un exemple de quoi? (Pour répondre, lisez la phrase sous la photo.) _____

_____

Par conséquent, elle illustre surtout quel paragraphe de l'article? _____
Selon vous, est-ce qu'elle développe d'autres aspects de l'article?

Lesquels? _____

8. Dites si les phrases suivantes sont vraies ou fausses. Corrigez le sens s'il est faux.

a. Les Français pratiquent beaucoup le jogging. La preuve,   V F
   c'est qu'ils sont le peuple qui organise le plus de courses
   dans le monde.

b. Les joggers en France courent seulement dans les villes.   V F

c. Si on ne fait pas souvent du jogging, on peut acheter des   V F
   chaussures de tennis bon marché.

d. La marque de chaussures le meilleur marché est *New Bal-*   V   F
   ance.

e. Pour que les doigts de pied ne soient pas trop serrés, il   V   F
   faut acheter des chaussures qui ont une demi-pointure de
   plus.

f. Alors que pour le choix des chaussures, la couleur et la   V   F
   mode ne sont pas importantes, pour les vêtements, ces
   deux critères peuvent influencer l'achat.

9. Relevez dans les paragraphes 6 et 7 les verbes à l'impératif. Dans le
   texte, l'impératif sert à donner des conseils. Trouvez dans les
   paragraphes 2 et 3 une autre structure utilisée également pour
   conseiller et répétée plusieurs fois.

   Impératifs   *Autre structure*

   _____   _____

   _____

   _____

   _____

V. Production libre

A. **Orale**

1. **Interview / Simulation.** Imaginez que vous êtes un grand sportif et
   que vous cherchez un partenaire pour pratiquer avec vous le sport qui
   vous passionne ou des partenaires pour former une équipe sportive.
   Seul(e), remplissez d'abord le questionnaire ci-dessous, puis
   interviewez vos camarades de classe, en leur posant les mêmes questions. Quand vous avez interrogé trois ou quatre personnes au moins,
   indiquez à la classe votre / vos partenaire(s), en donnant les *raisons* de
   votre choix.

Questionnaire:

   a. Combien de sports pratiquez-vous? _____

      Quel(s) sont le / les sport(s) que vous faites? _____

      _____

   b. Combien de fois par semaine vous entraînez-vous? _____

      _____

   c. Où vous entraînez-vous? _____

      _____

   d. Etes-vous membre d'un club sportif? Si oui, lequel? _____

      _____

   e. Avez-vous des responsabilités dans le domaine du sport? Par
      exemple, êtes-vous directeur d'un club ou d'une association? Si oui,

      lequel ou laquelle? _____

      _____

f. Le sport est-il votre profession? Si oui, êtes-vous

—professeur de gymnastique?

—champion olympique?

—entraîneur dans une équipe?

—sauveteur dans une piscine ou sur une plage?

—autre?

g. Faites-vous de la compétition? Si oui, à quels championnats avez-vous participé? _____

_____

h. Regardez-vous les émissions sportives à la télévision? Si non, pourquoi pas? _____

Si oui, lesquelles et combien de fois par semaine? _____

_____

i. Lisez-vous un journal sportif? Si oui, lequel? _____

_____

j. Inventez votre / vos propre(s) question(s).

2. **Travail en groupes de deux.** Comment joue-t-on au basketball / au foot / au football américain / au baseball / au handball / au hockey / au volleyball…? Choisissez un sport d'équipe que vous pratiquez ou dont vous connaissez bien les règles et expliquez comment on le joue à une personne de la classe qui ne le sait pas. Cette personne exposera ensuite les règles de ce sport devant la classe.

Précisez bien en vous aidant au besoin de **croquis** (dessinez!) pour mieux expliquer

a. l'équipement nécessaire

b. le nombre et la disposition des joueurs sur le terrain

c. l'emplacement des buts

d. la manière de servir et de marquer des points

e. le mode de désignation de l'équipe gagnante

Référez-vous à la section **Pratique de la langue** (**III,** B.3) pour le vocabulaire ou cherchez-le dans le dictionnaire.

3. Seul(e), faites une liste des pays qui, à votre avis, ont un sport national et indiquez quel sport pour chaque pays. Comparez votre liste avec celle de votre voisin(e) et discutez vos résultats. Au besoin toute la classe complète la liste.

l'Espagne   *la tauromachie*

_____   _____

_____   _____

_____   _____

_____   _____

_____   _____

4. **Jeu de rôles.** En groupes de deux, préparez un sketch en vous aidant du schéma suivant et jouez-le devant la classe:

(*A* est un client et *B* est un vendeur dans un magasin de sport.)

A entre dans le magasin et demande une paire de chaussures de jogging.

B l'accueille et lui demande sa pointure.

A répond.

B lui donne des conseils sur le choix de la pointure, les types de semelles, les meilleures marques... (Inspirez-vous de l'article dans la section **Sensibilisation culturelle**.)

A demande d'autres renseignements..., s'informe sur les prix.

B donne les prix.

A trouve les prix trop élevés, mais finit par choisir une paire et achète aussi des vêtements de jogging.

Variante: Vous pouvez aussi imaginer un sketch dans lequel le client fait un autre sport que le jogging et demande des conseils sur le matériel et les vêtements nécessaires à la pratique de ce sport. Choisissez un sport que vous connaissez bien et inspirez-vous au besoin du vocabulaire dans la section **Pratique de la langue.**

5. **Etude de cas.** Lisez rapidement l'article suivant.

BARET-VANDYSTADT

Antoine Richard : Jeux interdits

Le recordman de France du 100 mètres ne va pas aux jeux Olympiques. Antoine Richard, 28 ans, est pourtant en pleine forme. Il s'est entraîné cet hiver aux Antilles avec les autres sprinters français, mais il est interdit de compétition. Motif : dopage. Il a été contrôlé « positif » lors du meeting d'athlétisme de Dijon, en juin 1987. La sanction est tombée : suspendu pour deux ans. Robert Bobin, le président de la Fédération, ne badine pas avec ces choses-là. « *Mon médecin a soigné une tendinite que j'avais au genou avec des corticoïdes*, explique Richard. *Deux mois plus tard, on en a retrouvé des traces dans les urines. Il fallait un exemple. J'ai payé.* » Afin d'éviter qu'une telle affaire n'éclate aux Jeux, tous les athlètes français ont subi des tests de dépistage avant de s'envoler pour la Corée du Sud.

LE POINT N° 834

Répondez oralement aux questions suivantes:

a. Quel sport fait Antoine Richard?

b. Pourquoi ne peut-il pas participer aux Jeux Olympiques?

c. Depuis quand et jusqu'à quand ne peut-il pas concourir?

d. Qu'est-ce que son médecin lui avait prescrit? Pourquoi?

e. Pensez-vous que le président de la Fédération ait été trop sévère ou même injuste envers Antoine?

Un débat peut s'instaurer entre ceux qui sont **pour** ou **contre** la sanction imposée à Antoine. Vous pouvez citer d'autres cas semblables pour soutenir votre argument.

B. **Production écrite**

1. **Rédaction d'une lettre.** Vous écrivez à votre correspondant(e) en France une lettre sur le sport que vous pratiquez ou sur le sport national de votre pays. Indiquez le meilleur équipement pour pratiquer ce sport et les règles à suivre pour le jouer.

2. Faites le portrait de votre héros ou héroïne du sport. Vous pouvez choisir un(e) athlète d'aujourd'hui ou d'hier. Dites pourquoi vous l'admirez, et donnez éventuellement des détails biographiques. N'oubliez pas que la personne qui lira votre rédaction n'est pas nécessairement sportive. Il est donc probable qu'elle ne connaîtra pas votre athlète. Vous pouvez ajouter une photo si vous en avez une.

3. **Lettre ouverte** (100–150 mots). Vous écrivez à Robert Bodin, le président de la Fédération (voir «Etude de cas» dans la partie orale de la **Production libre**). Vous le félicitez d'avoir été ferme avec Antoine Richard ou, au contraire, vous le critiquez pour son intolérance.

6

Ah, vous êtes «flic»?

I. Préparation à l'écoute

«En tenue, on dissuade...»

A. Regardez le dépliant ci-après sur les carrières de la Police Nationale Française et, en vous aidant du texte et des images, répondez aux questions. (Choisissez entre **commissaire, inspecteur, officier de paix, gardien de la paix.**) Ne lisez pas le dépliant en entier!

1. Quel(s) policier(s) sont:

   en civil   *en tenue*

   _____   _____

   _____   _____

2. Quel policier

   a. règle la circulation? _____

   b. a le plus de responsabilités et les meilleures rémunérations?

   _____

SERVICES ACTIFS
POLICE NATIONALE

COMMISSAIRE DE POLICE

Vous êtes âgé de moins de 30 ans (dérogations sous certaines conditions).

Le commissaire de police assume d'importantes responsabilités dans les différents services de police (sécurité publique, police judiciaire, renseignements généraux, surveillance du territoire) et accède aux plus hauts degrés de la hiérarchie.

Durée de la formation 24 mois.

Votre carrière et vos rémunérations seront les suivantes :
- commissaire stagiaire
(1ère année) : 7 466 F.
commissaire stagiaire
(2ème année) : 8 030 F.
- commissaire de police, commissaire principal de 8 880 F à 15 592 F.
- commissaire divisionnaire de 15 592 F à 20 530 F et hors échelle A

Vous pouvez être appelé aux emplois de direction et de contrôle.

Commissaire de police

OFFICIER DE PAIX

Candidats du sexe masculin :

Vous êtes âgé de 17 à 28 ans (dérogations sous certaines conditions). Vous mesurez au minimum 1,68 m.

Candidats du sexe féminin :

Vous êtes âgée de 17 ans à 28 ans (dérogations sous certaines conditions). Vous mesurez au minimum 1,65 m.

L'officier de paix exerce le commandement du corps des gradés et gardiens de la paix des services de police en tenue (corps urbains, préfecture de police, compagnies républicaines de sécurité). Il est appelé à devenir responsable d'importants services et effectifs au cours de son déroulement de carrière.

Durée de la formation 18 mois.

Votre carrière et vos rémunérations seront les suivantes :
- élève officier de paix (1 an) : 6 010 F
officier de paix stagiaire (1 an) : 6 814 F
officier de paix, officier de paix principal de 7 618 F à 11 235 F.
- commandant de 10 512 F à 12 853 F.

Officier de paix

Puis possibilité de promotion au choix au grade de commissaire.

Bonification de points au concours pour les officiers de réserve.

Inspecteur de police

INSPECTEUR DE POLICE

Vous êtes âgé de 17 à 30 ans (dérogations sous certaines conditions).

L'inspecteur de police, placé sous l'autorité du commissaire qu'il seconde, est particulièrement chargé d'enquêtes et de missions d'information et de surveillance dans les différents services de police (polices urbaines, police judiciaire, renseignements généraux, surveillance du territoire).

Durée de la formation 16 mois.

Votre carrière et vos rémunérations seront les suivantes :
- élève inspecteur, inspecteur stagiaire (1 an) : de 6 010 F à 6 552 F.
- inspecteur de police, inspecteur principal, inspecteur divisionnaire, chef inspecteur divisionnaire de 6 985 F à 12 853 F.

Puis possibilité de promotion au choix
- commissaire

- Vous êtes diplômé de l'enseignement supérieur ou en dernière année d'études en vue de l'obtention d'un tel diplôme :
Devenez commissaire de police

- Vous êtes titulaire du baccalauréat ou de la capacité en droit ou d'un diplôme de technicien :
Devenez inspecteur de police ou officier de paix ou secrétaire administratif de police

- Vous êtes titulaire du Brevet de collège ou d'un diplôme équivalent :
Devenez commis de la police

- Vous êtes du niveau Brevet de collège, du C.E.P. ou d'un C.A.P. :
Devenez gardien de la paix, agent de bureau ou agent de surveillance de la police nationale.

- Vous êtes du niveau du C.A.P. de sténodactylographie :
Devenez sténodactylographe de la police

- Vous êtes du niveau d'un C.A.P. d'employé de bureau (dactylographie) ou vous avez des connaissances en dactylographie :
Devenez agent technique de bureau de la police

Tous les candidats aux concours de la police nationale doivent posséder la nationalité française.
Votre acuité visuelle doit être :
- Pour devenir commissaire, inspecteur ou agent de surveillance : au moins égale à 15 dixièmes pour les 2 yeux, après correction, avec minimum de 5/10 pour un œil (correction maximale : 3 dioptries pour chaque verre).
- Pour devenir officier de paix ou gardien de la paix : au moins égale à 10 dixièmes pour les 2 yeux sans correction, sans que l'acuité minimale pour un œil soit inférieure à 5 dixièmes.

Gardien de la paix

GARDIEN DE LA PAIX

Candidats du sexe masculin :
Vous êtes âgée de 17 à 28 ans (dérogations sous certaines conditions).
Vous mesurez au minimum 1,68 m.
Candidats du sexe féminin :
Vous êtes âgé de 17 à 28 ans (dérogations sous certaines conditions).
Vous mesurez au minimum 1,65 m.

Le gardien de la paix assume, sous l'autorité des officiers de paix et des gradés, la protection des personnes et des biens dans les différents services de police (corps urbains, préfecture de police, compagnies républicaines de sécurité) ; constate les infractions aux lois et règlements et veille au maintien de l'ordre public.

Durée de la formation à l'école de police 7 mois.

Votre carrière et vos rémunérations seront les suivantes :

- élève gardien (6 mois), gardien stagiaire (1 an) : 5 802 F.
- gardien de la paix à sous-brigadier de 5 815 F à 8 576 F.

Après examen professionnel, vous serez gradé :
- brigadier, brigadier-chef de 8 080 F à 9 550 F.

Les rémunérations mentionnées sur ce dépliant sont celles en vigueur au 1.01.1984. Elles sont régulièrement réajustées chaque fois que des majorations de salaires sont décidées en faveur des fonctionnaires.

B. **Prédictions**

Dans la section **Compréhension,** vous allez entendre un policier qui parle de ses activités professionnelles. Vous vous attendez à ce qu'il parle de quoi?

a. **de l'endroit où il travaille**

b. _____

c. _____

d. _____

II. Compréhension

A. Ecoutez une seule fois l'interview en entier.

Dans la liste suivante, soulignez d'abord les sujets que vous avez prédits dans la section **Préparation à l'écoute.** Puis, entourez d'un cercle les sujets dont on parle dans l'interview.

le lieu de travail / les collègues / le trafic de drogue / la criminalité / le travail administratif / l'uniforme / l'horaire / la circulation / le port d'arme / les risques du métier / le salaire / les détectives privés / la formation des policiers / l'opinion publique / la routine dans le travail / l'alcoolisme

B. Ecoutez du début jusqu'à «...c'est la banlieue parisienne.»

1. En disant qu'il est «flic», le locuteur rit. Pourquoi?

_____

2. Le locuteur travaille

    a. au centre de Paris ☐

    b. dans la banlieue parisienne ☐

    c. en province ☐

3. Voici une carte des départements de la région parisienne.

Entourez d'un cercle le département où le locuteur travaille, et puis dites quel est le numéro de ce département, selon le locuteur.

_____

C. Ecoutez la suite jusqu'à «**...ça ne va pas plus loin**».

1. Trouvez dans le segment un mot qui signifie le contraire de **grand gangstérisme.** _____

2. Identifiez sur la bande les mots suivants et cherchez dans la colonne de droite la définition de chaque mot de la colonne de gauche.

   1. fléau   a. trafiquant de drogue
   2. revendeur   b. drogué, toxicomane
   3. utilisateur   c. faute punie par la loi
   4. délit   d. calamité sociale

3. Trouvez dans le passage les noms qui correspondent aux verbes suivants:

   voler une voiture _____

   cambrioler _____

   Comment le locuteur caractérise ces deux délits? (Relevez un adjectif pour chacun.)

   a. dans l'échelle des délits _____

   b. statistiquement _____

4. Le policier arrête les personnes qui commettent quels délits?

   Il arrête les personnes qui _____

   _____

   Quelle(s) personne(s) arrête-t-il rarement? _____

   _____

D. Ecoutez la suite jusqu'à «**...plus efficace en civil qu'en tenue.**»

1. Le «flic» ne dit **en uniforme** qu'une seule fois. Il emploie une autre expression. Laquelle? _____

2. Repérez et complétez la formule suivante sur les vêtements de la police:

   «En _____, vous dissuadez; en _____

   vous _____.»

3. Réécoutez le segment et dites si les phrases suivantes sont vraies ou fausses. Corrigez le sens quand il est faux.

   a. Le locuteur ne porte son uniforme que la nuit.   V   F

   _____

   b. Le locuteur est en civil dans le service pour assurer sa   V   F
   propre protection.

   _____

   c. Le locuteur arrête plus de criminels quand il est en civil.   V   F

   _____

    d. Les jeunes ont toujours peur de la police en uniforme.   V   F

_____

    e. Le locuteur se mêle à la foule quand il porte son uni-   V   F
       forme.

_____

E. Ecoutez la suite jusqu'à «...**il court, lui, hein.**»

   1. Est-ce que le policier est armé? _____

   2. Identifiez les mots de la colonne de gauche et à l'aide de flèches, indiquez la définition (colonne de droite) de chaque mot.

      autrui   sa propre personne

      soi-même   une autre personne

   3. Selon la **légitime défense**, quand un policier a-t-il le droit d'utiliser son arme?

      Quand _____

      ou quand _____

   4. Est-ce que le locuteur a déjà arrêté des gens armés? _____

   5. Le «flic» a déjà été légèrement blessé.

      a. En jouant à quoi? _____

      b. En courant après qui? _____

   6. Dans la liste suivante, entourez d'un cercle les verbes qu'utilise le locuteur dans le récit de la poursuite d'un voleur:

      se battre / courir / appeler / tirer / sauter / menacer / abattre / retomber / crier / siffler / poursuivre

F. Ecoutez la suite jusqu'à la fin.

   1. L'interviewer a posé une question taboue. Sur quoi? (Utilisez vos propres mots.)

_____

      a. Relevez deux expressions qui indiquent que l'interviewer s'en rend compte:

_____

_____

      b. La réaction du locuteur est: (Entourez d'un cercle).

      le refus de répondre / la colère / la gêne / l'indignation

   2. Identifiez les mots de la colonne de gauche sur la bande et cherchez dans la colonne de droite la définition qui correspond le mieux à chaque mot de la colonne de gauche.

      1. prime   a. supplément de salaire équivalant à un mois de travail

      2. brevet

      3. communaux   b. somme d'argent donnée en plus du salaire

4. treizième mois   c. diplôme donné après quatre ans d'études
                           secondaires

                        d. appartenant à la municipalité

Assurez-vous que vous comprenez bien les mots de la colonne de gauche avant de répondre aux questions suivantes.

3. Combien d'heures par semaine font:

   a. les gens qui travaillent avec la femme du locuteur? _____

   b. le locuteur lui-même? _____

   c. les employés communaux de Villepinte (ville de la banlieue pari-

      sienne)? _____

4. Certaines personnes de l'éducation nationale pourraient penser que le policier est trop payé. Pourquoi? (Pensez à ses qualifications.)

   _____

   Par contre, le policier s'estime pas assez payé. Pour clarifier ses arguments, répondez:

   a. Quand travaille-t-il? _____

   b. Quel avantage n'a-t-il pas? _____

   c. Quelle est l'attitude de l'opinion publique envers les policiers?

      Certaines personnes _____

      Il y a des gens qui _____

   d. Qu'est-ce qu'il prend tous les jours? _____

   e. Comment fait-il son «boulot»? _____

G. Réécoutez toute l'interview et écrivez un paragraphe dans lequel vous parlerez des activités professionnelles du policier. Ecrivez à la 3ᵉ personne et ajoutez des commentaires personnels sur le locuteur. En classe, vous aurez à lire votre texte.

   _____

   _____

   _____

   _____

   _____

   _____

   _____

   _____

   _____

   _____

   _____

H. **Le profil socio-psychologique du locuteur.** D'après ce qu'il dit dans l'interview, comment imaginez-vous le locuteur? (Cochez les réponses qui vous paraissent justes et soyez prêt(e) à les justifier en classe.)

1. son âge
   - ☐ c'est encore un jeune homme en début de carrière
   - ☐ c'est un homme dans la force de l'âge
   - ☐ c'est un homme près de la retraite

2. son niveau d'éducation
   - ☐ il a arrêté ses études à 16 ans
   - ☐ il a un diplôme universitaire
   - ☐ il est allé jusqu'au bac

3. son grade dans la police
   - ☐ il est haut placé dans la hiérarchie
   - ☐ il est au bas de la hiérarchie

4. son niveau de langue
   - ☐ il parle un français soigné
   - ☐ il parle un français familier

5. son physique: il est
   - ☐ sportif, musclé, plutôt beau garçon
   - ☐ «maigrichon», pâlot, plutôt moche
   - ☐ corpulent, pas en forme

6. sa personnalité: il est
   - ☐ corrompu
   - ☐ travailleur
   - ☐ sympathique, affectueux
   - ☐ modeste
   - ☐ ambitieux
   - ☐ «marrant», «rigolo»
   - ☐ honnête
   - ☐ paresseux
   - ☐ froid, insensible
   - ☐ vantard
   - ☐ sans grandes ambitions
   - ☐ ennuyeux, soporifique
   - ☐ autre: (Trouvez d'autres adjectifs pour définir sa personnalité)

   _____ _____ _____

III. Pratique de la langue

A. **Sensibilisation au discours oral**

1. La langue parlée comprend des éléments qui ne sont pas admis dans le code écrit, par exemple:

   a. les hésitations

   b. les répétitions

   c. le lexique familier

   d. les sons ou les mots omis

   e. les phrases inachevées

2. Voici la transcription d'un extrait de l'interview avec le policier. Relevez dans ce passage un / des exemple(s) des traits de l'oral mentionnés ci-dessus.

«Ah bon, c'est pas des grands...
c'est de la petite...
gangsters...
Non, c'est de la

petite criminalité. Enfin ça arrive de trouver des des des des des des gars qui qui vraiment m(ais) enfin c'est rare quand même... Vous savez, tout ce qui touche par exemple, bon ben euh un fléau hein, la drogue par exemple, bon, ben nous... c(eux) qu'on arrête c'est c'est c'est rarement les revendeurs, c'est toujours les les utilisateurs, quoi, c'est toujours les euh c(eux) oui les utilisateurs mais à petite échelle quoi, celui qu(i) a une barrette de haschisch, celui qu(i) a un petit peu d'héroïne sur lui et p(u)is qui se pique ou enfin c'est...»

a. hésitations

_____

b. répétitions

_____

c. lexique familier

_____

d. sons ou mots omis

_____

e. phrases inachevées

_____

B. **Les niveaux de langue**

1. Voici trois séries de mots dont le sens est proche dans chaque série. A l'aide du dictionnaire, cochez la case à côté de chaque mot: à gauche s'il s'agit d'un terme «standard», à droite s'il s'agit d'un terme «familier» ou argotique.

Forme standard		_Forme familière_
☐	agent de police	☐
☐	poulet	☐
☐	flic	☐
☐	policier	☐
☐	gardien de la paix	☐
☐	type	☐
☐	homme	☐
☐	gars	☐
☐	monsieur	☐
☐	mec	☐
☐	individu	☐

☐ personne ☐
☐ travail ☐
☐ boulot ☐
☐ métier ☐
☐ emploi ☐
☐ job ☐

2. Faites la même chose avec les synonymes de **détester** ci-dessous:

Forme standard *Forme familière*

☐ ne pas aimer quelqu'un ☐
☐ ne pas pouvoir sentir quelqu'un ☐
☐ détester quelqu'un ☐
☐ ne pas pouvoir blairer quelqu'un ☐
☐ haïr quelqu'un ☐
☐ avoir quelqu'un dans le nez ☐
☐ ne pas pouvoir souffrir quelqu'un ☐
☐ ne pas pouvoir supporter quelqu'un ☐
☐ ne pas pouvoir voir quelqu'un ☐

C. **Lexique des professions**

1. Regardez le document de la page de droite sur les salaires des Français.

a. Cherchez dans la liste des professions le nom de la personne qui:

veille à la sécurité et au confort des passagers dans un avion _____

tient les comptes dans une entreprise _____

fait des massages pour soigner les malades _____

établit des programmes d'ordinateurs _____

descend sous la terre pour extraire du charbon _____

s'occupe des nouveau-nés _____

est chargé de l'éducation des enfants _____

éteint les incendies _____

soigne les malades sous la direction d'un médecin _____

rend la justice _____

b. Cherchez les noms de:

trois professions juridiques

_____ _____ _____

cinq professions médicales

_____ _____ _____

_____ _____

L'ÉCHELLE DES REVENUS
(en francs par mois)

260 000	• Star télévision
170 000	• Grand avocat parisien
56 000	• Premier ministre
50 000	• Mannequin vedette
43 000	• Conseiller d'État
34 000	• Directeur commercial Proviseur
33 000	• Pharmacien
25 000	• Dentiste Avocat
22 000	• Général de brigade
21 000	• Médecin militaire (chef de service)
20 000	• Pharmacien (gérant d'officine mutualiste) • Chef comptable
19 000	• Médecin généraliste
18 000	• Professeur directeur de recherche (CNRS) • Colonel • Hôtesse de l'air (FC)
17 000	• Juriste d'entreprises (FC) • Ingénieur
16 000	• Croupier (FC)
15 000	• Chef de clinique (D) • Programmeur (FC) • Kinésithérapeute
14 000	• Professeur certifié (FC) • Chef de personnel
13 000	• Inspecteur de police (FC)
12 500	• Boucher - Charcutier
12 000	• Puéricultrice (FC)
11 000	• Capitaine (4 ans de grade) • Professeur d'université
10 000	• Magistrat (1er grade) • VRP (D)
9 000	• Agent RATP (FC) • Mineur de fond • Réparateur automobile
8 000	• Professeur agrégé (D) • Infirmière (FC) • Adjudant • Gardien de la paix • Gendarme (15 ans d'ancienneté)
7 000	• Employé de banque (D) • Architecte (D) • Secrétariat de direction (D)
6 000	• Taxi • Caporal-chef • Infirmière (D) • Instituteur (D) • Maître auxiliaire • Assistant de recherche (CNRS)
5 000	• Sapeur-pompier
4 000	• Pasteur
3 500	• Prêtre

FC : fin de carrière D : débutant

quatre professions militaires

_____   _____   _____

_____

trois professions dans la police

_____   _____   _____

c. Calculez dans la monnaie de votre pays:
   le salaire de la profession la mieux rémunérée

_____

le salaire de la profession la moins bien rémunérée

_____

d. D'après cette échelle des revenus, combien gagne le policier de l'interview (voir section **Compréhension**)? Convertissez son salaire dans la monnaie de votre pays et dites si, selon vous, le «flic» est trop ou pas assez payé.

2. **Les vendeurs.** Faites correspondre les deux colonnes, puis dites oralement qui vend quoi.

Modèle   **Le boucher-charcutier vend de la viande.**

_____ 1. le boucher-charcutier	a. des médicaments
_____ 2. le droguiste	b. de la viande
_____ 3. le buraliste	c. du camembert
_____ 4. l'épicier	d. des produits d'entretien
_____ 5. le boulanger-pâtissier	e. des parfums
_____ 6. le quincailler	f. des fruits et des légumes
_____ 7. le pharmacien	g. des timbres et du tabac
_____ 8. le fromager	h. du pain et des gâteaux
_____ 9. le fruitier	i. des produits d'alimentation
_____ 10. le parfumeur	j. des outils, des produits et divers articles en métal

3. **Les réparateurs / dépanneurs.** Maintenant dites **qui répare quoi.**

_____ 1. l'électricien	a. les clefs, les alarmes
_____ 2. le mécanicien	b. les appareils électriques
_____ 3. le plombier	c. les voitures
_____ 4. le cordonnier	d. les robinets
_____ 5. le serrurier	e. les chaussures

4. **Les services.** Maintenant dites **qui rend quel service** (conjuguez les verbes à la 3ᵉ persone du singulier).

_____ 1. le restaurateur	a. aider les démunis
_____ 2. l'hôtelier	b. donner à manger
_____ 3. le chauffeur de taxi	c. transporter des marchandises en poids lourds
_____ 4. l'assistante sociale	d. aider à trouver un appartement
_____ 5. la standardiste	e. faire des enquêtes policières
_____ 6. le camionneur / le routier	f. servir les consommateurs
_____ 7. le détective privé	g. fournir des chambres
_____ 8. le garçon de café	h. conduire des gens où il veulent
_____ 9. l'esthéticienne	i. répondre au téléphone et mettre en relation le demandeur et le demandé
_____ 10. l'agent immobilier	j. donner des soins de beauté

5. Avec des flèches, indiquez qui reçoit quoi.

un avocat ou un médecin	un traitement
un grand acteur	un salaire
un étudiant	des honoraires
un fonctionnaire	une solde
une femme divorcée	une paie
un soldat ou un officier	une pension alimentaire
un ouvrier	un cachet
un salarié	une bourse

6. Barrez chaque verbe en italique et remplacez-le par un synonyme pris dans la liste suivante:

rallonger / embaucher / rémunérer / grimper l'échelle des revenus / toucher / mettre de l'argent de côté / avoir des fins de mois difficiles / percevoir

a. Le salaire de Sophie, coiffeuse, est très différent de celui de Colette, infirmière débutante. La première *gagne* 16.000 F, alors que la deuxième moins chanceuse ne *gagne* que 5.720 F.

b. Pour gagner le plus possible, les garçons de café n'hésitent pas à *travailler plus* dans leurs journées.

c. Le rêve de tous les garçons de café, c'est d'ouvrir leur propre brasserie et de *donner du travail* à d'autres garçons.

d. Bien des métiers, comme celui de courtier en assurances, sont encore *payés* au pourcentage.

e. Dans certaines professions, comme celle d'avocat, il est facile d'*augmenter très vite son salaire.*

f. Au bas de l'échelle des salaires il est pratiquement impossible de *faire des économies* et en général les salariés n'arrivent pas à *joindre les deux bouts.*

7. Placez les mots de la liste ci-dessous dans les deux colonnes.

la sécurité de l'emploi / les risques physiques / les possibilités de formation et de promotions / le logement de fonction / le travail pénible / l'absence de primes / la voiture de société / l'importance de la couverture sociale / les petites rémunérations

Les avantages professionnels	*Les inconvénients professionnels*

IV. Sensibilisation culturelle

A. Voici un article paru dans *L'Obs Economie*.

1. Lisez d'abord le titre. A votre avis, qu'est-ce que l'article va décrire

☐   des professions réellement «bizarres»?

☐   des professions qui ont la réputation de l'être?

2. Maintenant, lisez les sous-titres.

a. Combien de jobs l'article décrit-il? _____

b. De quels jobs s'agit-il? _____

Ces jobs que l'on dit bizarres...

Croupier de luxe: de 35 000 à 40 000F

Il ne loge que dans les grands hôtels : la Mamounia à Marrakech, le Palm Beach à Cannes ou le Caesar Palace à Las Vegas. Il fréquente les casinos internationaux, travaille en smoking et fraye* avec la jet-set. Jean Roghe gagne bien sa vie—entre 35 000 et 40 000 francs net par mois—mais n'est pourtant pas milliardaire. Croupier de luxe, il fait tourner les roulettes sur trois continents.

Il s'est initié auprès des plus grandes tables de jeu américaines : craps, black jack, bingo, chemin de fer... A 20 ans, il apprend à manier des jetons*, calculer la mise* d'un «carré», d'une «colonne», ou d'un «cheval», et, surtout, à savoir rester de glace en toute circonstance, notamment lorsqu'un émir* fait sauter la banque après avoir remporté 2 millions de francs, au Casino de la Méditerranée, en 1981.

Chef de partie, il doit surveiller ses collègues. *«J'ai moi-même surpris certains croupiers en train de voler.»* Malgré les salaires élevés pratiqués par la profession—12 000 francs dès la première embauche—, ces hommes sont soumis à de fortes tentations. Ils ont vite fait de s'emparer* d'une plaque de mille francs qu'ils cachent sous leur chemise, car leurs poches sont cousues.

Aujourd'hui, Jean Roghe, père de trois enfants, refuse de se coucher perpétuellement à 6 heures du matin. Il a mis de l'argent à gauche et travaille, de temps en temps, avec Peter Kim, une agence qui organise des soirées casino pour les entreprises. Au programme : une nuit du hasard à Courchevel, avec Yves Saint Laurent.

Laveur de haut vol : 6 200 F

La tour Montparnasse tangue légèrement sur sa base. La nacelle se soulève et va buter contre la paroi. Les deux laveurs de vitres prennent place à l'intérieur et s'accrochent aux harnais de sécurité. L'engin coulisse le long des rails et remue avec le vent : 325 mètres de verre et de métal attendent les deux employés de la société de nettoyage UNP. A l'arrivée, ils toucheront 120 francs de prime de risque qui viendront s'ajouter à 4 800 francs de salaire mensuel brut. Soit au total : 6 200 francs, moins les charges sociales*.

Quatre personnes seulement assurent l'entretien du plus haut gratte-ciel d'Europe. Un mois et demi et 70 litres de détergent sont nécessaires pour récurer toute la surface. Une fois le travail terminé, on recommence, été comme hiver. *«Nous n'avons jamais eu d'accident»*, jure Philippe Sénéchault, le chef de secteur. Il arrive que la nacelle tombe en panne. Les deux hommes restent bloqués le temps que les pompiers interviennent. Principale difficulté : surmonter la frayeur du début, quand le chariot se balance dans le vide. *«Après, on s'habitue*, estime Philippe Sénéchault, qui avoue n'y être jamais monté. *Moi j'aurais la trouille*.»*

Privé : de 15 000 à 20 000 F

Les détectives du cabinet Duluc sont parmi les mieux payés de la profession. Ils reçoivent entre 15 000 et 20 000 francs par mois. Sept personnes se répartissent les dossiers et touchent une rémunération à la pièce : de 60 à 90 francs par heure de filature*, de 300 à 1 500 francs par enquête. *«Plus les frais»*, selon la célèbre formule des Philip Marlowe et autres Sam Spade. Ils peuvent suivre jusqu'à cinq affaires simultanément. *«Je préfère avoir peu de collaborateurs, mais qui travaillent beaucoup et gagnent convenablement leur vie»*, explique le directeur de l'agence, Jean-Claude Baret.

Les clients? Ni femmes fatales ni maris jaloux, mais des avocats, des entreprises ou des compagnies d'assurances. Un VRP* prétexte des problèmes de dos pour refuser tout déplacement en province. L'enquêteur le prend en photo en train de charger une tondeuse à gazon dans le coffre de sa voiture. La maréchaussée fait preuve d'une indulgence coupable à l'égard d'un chauffard responsable de la mort d'une femme. On s'aperçoit que les gendarmes fréquentent assidûment un café tenu par le père de l'automobiliste. Les fins limiers mènent l'investigation jusqu'au bout. Même si leur client se révèle coupable.

CHRISTHOPHE BOLTANSKI

L'Obs Economie.

frayer: avoir des relations familières avec quelqu'un

des jetons: pièces utilisées pour remplacer l'argent dans les casinos, dans les téléphones, etc.

la mise: l'argent (sous forme de jetons) déposé sur la table de jeu

un émir: un membre de l'élite du monde arabe

s'emparer: saisir, prendre possession de quelque chose

Courchevel: station de ski située dans les Alpes françaises

la nacelle: sorte de panier ou de coque suspendu en l'air, comme par exemple la nacelle d'un ballon ou d'un téléférique

les charges sociales: somme retenue sur le salaire (sécurité sociale, etc.)

avoir la trouille: (expression familière) avoir peur

filature: action de suivre quelqu'un sans que cette personne le sache

un VRP: un vendeur-représentant de commerce

les fins limiers: ceux qui ont le nez fin, qui suivent la piste de quelqu'un

B. **Questions**

  1. Lisez le texte en entier et dites ce que les trois jobs ont en commun. Cochez les cases appropriées.

    ☐ Ce sont des métiers bien payés

    ☐ Ce sont des métiers qui comportent des risques

    ☐ Ce sont des métiers peu ordinaires

    ☐ Ce sont des métiers qui n'exigent pas d'études universitaires

    ☐ Ce sont des métiers qui demandent des nerfs solides

  2. **Lexique.** Trouvez dans le texte un mot qui signifie, ou un synonyme de:

    1ʳᵉ partie

    a. manipuler   _____

    b. gagner   _____

    c. faire des économies   _____

    2ᵉ partie

    d. se balancer   _____

    e. le mur   _____

    f. glisser   _____

    g. bouger   _____

    h. nettoyer, faire briller   _____

    i. cesser de fonctionner   _____

    j. la peur   _____

    3ᵉ partie

    k. le bureau, l'agence   _____

    l. se partager, se diviser   _____

    m. voyage d'affaires   _____

    n. un mauvais automobiliste   _____

    o. une enquête   _____

3. Relisez la 1re partie du texte.

    a. Faites une liste des jeux de hasard mentionnés dans l'article (il y en a cinq).

    _____

    _____

    _____

    b. Sur combien de continents Jean Roghe exerce-t-il son métier? _____

    Lesquels? _____

    c. Faites une liste des talents que doit avoir un bon croupier. (Utilisez vos propres mots.)

    _____

    _____

    _____

    d. Relevez dans le texte le mot qui désigne la tenue que portent les

    croupiers. _____

    e. Quel est un inconvénient du métier?

    _____

4. Relisez la 2e partie du texte.

    a. Trouvez dans le texte les statistiques sur la Tour Montparnasse.

    Hauteur de la Tour par rapport aux autres gratte-ciel: _____

    _____

    Hauteur en mètres: _____

    Matériaux de construction: _____

    _____

    Temps nécessaire pour effectuer le nettoyage: _____

    Quantité requise de détergent: _____

    Nombre du personnel d'entretien: _____

    b. Dites si les phrases suivantes sont vraies ou fausses. Corrigez le sens quand il est faux.

    Les laveurs de vitres travaillent toute l'année.   V   F

    _____

    La nacelle est déjà tombée mais personne n'a été tué.   V   F

    _____

    Selon Sénéchault, il est difficile de surmonter la peur initiale.   V   F

    _____

Monsieur Sénéchault le sait car il en a fait lui-même
l'expérience.   V   F

_____

5. Relisez la 3ᵉ partie du texte.

   a. Dites pourquoi les détectives de l'agence Duluc sont parmi les mieux
   payés de la profession. (Utilisez vos propres mots.) _____

   _____

   b. En vous basant sur la moyenne des chiffres donnés dans le texte,
   combien d'heures un détective travaille-t-il à peu près par
   semaine? _____
   Qui travaille le plus, le «privé» ou le policier interviewé dans la section de compréhension? _____
   c. Pour qui les détectives de l'agence Duluc font-ils des enquêtes?

   _____

V. Production libre

A. **Orale**

1. **Simulation d'une interview à partir du texte.** Préparez et enregistrez
   une interview entre A, un reporter, qui interviewe B, qui exerce une
   des professions décrites dans l'article de la section **Sensibilisation
   culturelle.**

   a. Préparation

   Formez des groupes de deux: les étudiants qui veulent jouer le rôle
   de reporter cherchent dans la classe des étudiants qui simuleront le
   rôle d'une personne exerçant la profession décrite dans l'article.
   Lorsque les groupes sont constitués, rédigez les questions et les
   réponses sous forme de notes. N'écrivez pas de phrases entières,
   seulement quelques notes que vous utiliserez pendant
   l'enregistrement de l'interview. Les questions et les réponses doivent
   s'inspirer des renseignements sur les activités professionnelles
   décrites dans l'article de la page 88.

   b. Enregistrement au laboratoire

   Enregistrez l'interview que vous avez préparée, en lisant vos notes,
   ou bien présentez-la devant la classe.

2. **Questionnaire / Interview dans la classe.** Si vous êtes encore
   étudiant(e), posez des questions aux personnes de la classe qui
   exercent une profession. Si vous avez un métier, parlez-en en
   répondant aux questions des étudiants de la classe. Les questions peuvent, par exemple, porter sur:

   la profession exercée

   le lieu de travail

   l'horaire

les collègues

l'uniforme éventuellement porté

les activités professionnelles

les risques du métier

la formation pour exercer ce métier

les raisons pour exercer ce métier

les avantages et les inconvénients de ce métier

le salaire (<u>At</u>tention! Posez la question avec tact.)

Trouvez d'autres questions que vous aimeriez poser.

Ensuite, exposez à la classe les résultats de votre interview, en ajoutant, si vous voulez, des commentaires personnels.

B. **Production écrite**

1. En groupes de deux ou trois, lisez la petite annonce ci-dessous.

ROMAIN
ENTREPRISE S.A. recherche
RESPONSABLE COMMERCIAL
120.000 +

VOUS êtes d'un tempérament « fonceur ».
VOUS n'hésitez pas à prendre des responsabilités.
VOUS êtes prêt à saisir les opportunités qui s'offrent à vous.
VOUS avez une expérience réussie de la vente.
VOUS serez chargé de prospecter et animer.

*Ecrire avec C.V. et photo : **S.A. ROMAIN** 19, rue Copernic, 62000 ARRAS.*

3 90 6804

Maintenant, imaginez que l'Agence Peter Kim, la société de nettoyage U.N.P. ou le cabinet Duluc (voir la section **Sensibilisation culturelle**) veulent embaucher du personnel. Après avoir choisi une des trois possibilités, rédigez en groupes de deux ou trois une annonce d'offre d'emploi. Inspirez-vous du modèle ci-dessus.

2. **Description d'un dessin humoristique de Reiser.** En groupes de deux, regardez le dessin de Reiser et répondez aux questions suivantes:

a. Qu'est-ce qui est interdit par l'administration? Pourquoi?

_____

b. Pourquoi le «flic» intervient-il? _____

c. Quelle est la réaction du Français? Que fait-il? Pourquoi?

_____

_____

d. Qu'est-ce qui ne baisse donc pas? _____

Maintenant imaginez les paroles du «flic» et écrivez-les sur le dessin dans une bulle.

3. Toujours à partir du dessin de Reiser, imaginez que vous êtes le policier et que vous écrivez un rapport sur l'incident qui s'est passé entre vous et le monsieur qui arrose. Ecrivez au passé, à la 1re personne, commencez par **Hier** et inspirez-vous des mots suivants.

   Hier je passais..., quand j'ai vu...

   Je lui ai dit...

   Il m'a insulté... et puis...

   Je l'ai condamné à....

4. En vous inspirant du texte, «Ces jobs que l'on dit bizarres...», rédigez un petit article (200 mots) sur une occupation qui sort de l'ordinaire.

7

Combien d'hectares avez-vous?

I. Préparation à l'écoute

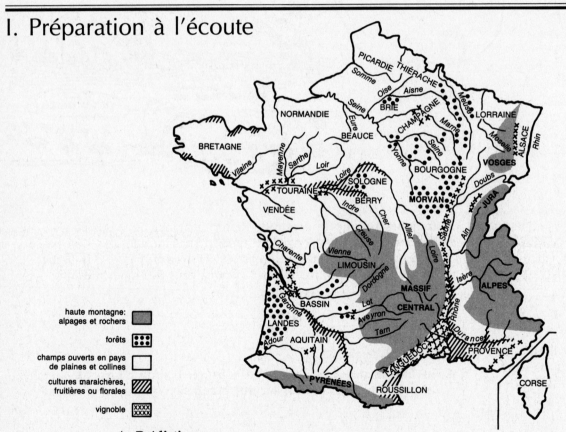

haute montagne: alpages et rochers

forêts

champs ouverts en pays de plaines et collines

cultures maraîchères, fruitières ou florales

vignoble

A. **Prédictions**

1. Dans l'interview, vous allez entendre des agriculteurs français qui se spécialisent dans les cultures maraîchères. Regardez la carte ci-dessus. En dehors de la vallée de la Loire et de la Bretagne, dans quelles régions pourrait se trouver leur exploitation agricole?

Quels produits agricoles vous attendez-vous à ce qu'ils cultivent? (Cherchez au besoin le mot **maraîcher (-ère)** dans votre Micro-Robert.)

2. Toujours dans l'interview, la C.E.E. sera mentionnée. Lisez ci-dessous la définition de cet organisme et répondez aux questions.

> Communauté économique européenne (C.E.E.). ■ Institution créée par le traité de Rome (25 mars 1957) et comprenant initialement l'Allemagne* (Rép. fédérale), la Belgique*, la France*, l'Italie*, le Luxembourg* et les Pays*-Bas (l'«Europe des Six»). Elle doit à la fois établir une union douanière en réalisant la libre circulation des marchandises et mettre en œuvre une politique commune dans les domaines économique et financier. Depuis 1972, le Danemark, la Grande-Bretagne et l'Irlande ont adhéré à la C.E.E., surtout connue sous le nom de Marché commun.

a. En quelle année a été créée cette institution? _____

b. entre combien de pays? _____

c. de quel continent? _____

d. dans quel but? _____

e. Sous quel autre nom est connu la C.E.E.? _____

3. Cherchez dans votre Micro-Robert:

a. combien il y a de mètres carrés (=m^2) dans 1 hectare? _____

b. 2 synonymes d'**agriculteur:** _____ - _____

c. 1 synonyme d'**exploitation agricole:** _____

Couple d'agriculteurs

II. Compréhension

A. Ecoutez l'interview une fois en entier.

   1. A combien de locuteurs parle l'interviewer? _____

   2. Où a eu lieu l'interview? (Justifiez votre réponse.)

   _____

   _____

B. Ecoutez la suite jusqu'à «...**continuellement des choses à vendre.**»

   1. Quelle est la superficie de la propriété? _____

   2. Le Midi méditerranéen est une région fertile...

     a. grâce à quoi? _____

     b. Quels mots le locuteur répète-t-il pour le prouver? _____

     _____

     c. Où situez-vous cette région sur la carte de la page 94 (**Préparation à l'écoute)**?

C. Ecoutez la suite jusqu'à «...**Ah bon, vous avez des kiwis, oui, oui.**»

   1. Dans la liste ci-dessous, entourez d'un cercle les produits agricoles que cultivent ou citent les locuteurs.

   les olives / les asperges / les haricots / les oranges / les fraises /
   les citrons / les framboises / les artichauts / les poireaux / les tomates /
   les aubergines / les oignons / les fruits de la passion / les avocats /
   les courgettes / les salades / les pommes de terre / les endives /
   les melons / les radis / les kiwis

   2. Pouvez-vous expliquer pourquoi le locuteur utilise l'adverbe **même** devant **kiwis**?

D. Ecoutez la suite jusqu'à «...**et même du Var.**»

   1. Quelle question pose l'interviewer?

   Elle demande _____

   _____

   2. Dites:

     a. à quel marché la locutrice vend ses produits:

     _____ Nice

     b. à qui elle les vend (Relevez le nom d'une profession):

       aux _____

E. Ecoutez la suite jusqu'à «...**ils paient un ouvrier hein.**»

   1. L'interviewer pose une question sur quel organisme? _____

2. Dans le contexte de l'interview, le mot *concurrence* signifie:

   compétition ☐

   opposition ☐

   accord ☐

3. Entourez d'un cercle les mots qu'utilise le locuteur pour désigner les personnes qui travaillent dans une exploitation agricole en tant que salariés.

   employé / ouvrier / travailleur / agriculteur / personnel / exploitant / main-d'œuvre

4. Dans le contexte de l'interview, l'expression *à peu de frais* signifie:

   en envoyant des produits frais ☐

   en ne dépensant pas beaucoup ☐

   en travaillant peu ☐

5. Réécoutez le passage.

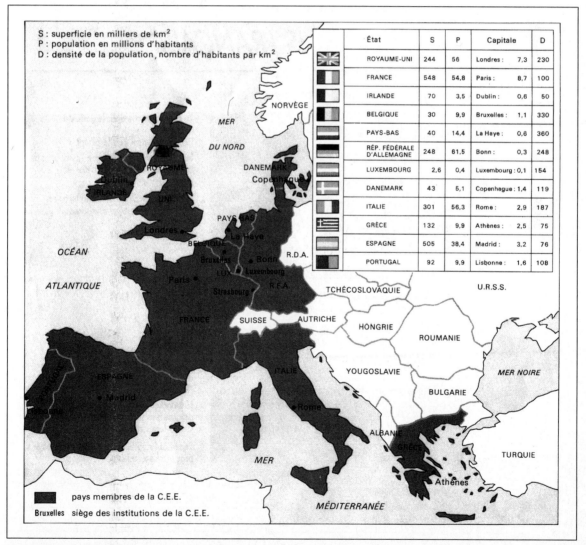

S : superficie en milliers de km^2
P : population en millions d'habitants
D : densité de la population, nombre d'habitants par km^2

	État	S	P	Capitale		D
	ROYAUME-UNI	244	56	Londres :	7,3	230
	FRANCE	548	54,8	Paris :	8,7	100
	IRLANDE	70	3,5	Dublin :	0,6	50
	BELGIQUE	30	9,9	Bruxelles :	1,1	330
	PAYS-BAS	40	14,4	La Haye :	0,6	360
	RÉP. FÉDÉRALE D'ALLEMAGNE	248	61,5	Bonn :	0,3	248
	LUXEMBOURG	2,6	0,4	Luxembourg :	0,1	154
	DANEMARK	43	5,1	Copenhague :	1,4	119
	ITALIE	301	56,3	Rome :	2,9	187
	GRÈCE	132	9,9	Athènes :	2,5	75
	ESPAGNE	505	38,4	Madrid :	3,2	76
	PORTUGAL	92	9,9	Lisbonne :	1,6	108

■ pays membres de la C.E.E.

Bruxelles siège des institutions de la C.E.E.

J. C. Hinnewinkel et J. M. Sivirine. *C. M. Géographie*, Nathan.

Dans ce passage, le locuteur fait une comparaison...

a. entre quels pays de la C.E.E.? (Entourez-les sur la carte ci-dessus.)

b. pour comparer ces deux pays, il utilise la conjonction **tandis que.**

Combien de fois? _____

c. Quel est le pays dont les prix agricoles sont les plus compétitifs?

_____

d. grâce à quels facteurs? (Citez-en deux, résumez chaque facteur en une phrase complète.)

_____

_____

F. Ecoutez la suite jusqu'à «...**mais on est libre.**»

1. Transcrivez la partie de la question de l'interviewer à laquelle le locuteur répond affirmativement.

_____

2. Le locuteur mentionne trois sortes de bêtes. Ecrivez leurs noms ci-dessous.

_____   _____   _____

3. Qui était / est le cultivateur? _____

Qui faisait / fait de l'élevage? _____

(Ecrivez des phrases complètes.)

4. Le locuteur voit...

a. des avantages dans son métier. Citez-en au moins un:

_____

b. un inconvénient. Dites lequel: _____

G. Ecoutez la suite jusqu'à la fin.

1. Au début de sa réponse, comment la femme résume-t-elle son travail?

_____

2. Voici la liste des verbes que la locutrice utilise pour décrire comment on prépare les asperges pour le marché.

sortir / cueillir / laver / mettre au frais / descendre au marché / botter / remettre dans des plateaux / remouiller / couper / ranger

Répartissez-les dans les trois colonnes ci-dessous.

Le Mari	La Femme	Le Mari et la Femme
Il...	Elle...	Ils...
_____	_____	_____
_____	_____	_____
_____	_____	_____

3. Cochez la transcription correcte de l'expression qu'utilise la locutrice.

☐　ils veulent tout laver　　☐　ils veulent tout lavé

Qui désigne-t-elle par le pronom **ils**? _____

4. La locutrice emploie le verbe **cueillir** en parlant des asperges.

Par contre, on ne cueille pas les pommes de terre.

On les _____, ou on les _____. (Relevez deux verbes.)

5. Après avoir précisé si l'un des deux commande, définissez dans vos propres mots le type de collaboration qui existe entre l'agricultrice et

son mari. _____

_____

_____

_____

H. Réécoutez toute l'interview et rédigez un paragraphe dans lequel vous parlerez des deux agriculteurs. Donnez des faits (région, superficie de la propriété, produits cultivés, commercialisation…), mais ajoutez aussi des commentaires personnels sur, par exemple, le type d'exploitation, la personnalité des locuteurs, leur rapport au travail…

Les deux agriculteurs _____

_____

_____

_____

_____

_____

_____

_____

_____

_____

_____

III. Pratique de la langue

A. **Analyse du discours oral:** sensibilisation à l'accent méridional.
Le cultivateur de l'interview a l'accent du Midi (du sud de la France).
Voici la transcription d'un passage de l'interview:

«Parce que c'est euh beaucoup plus chaud qu'ici encore là-bas. La main-d'œuvre elle est beaucoup moins chère. Donc ils peuvent exporter beaucoup chez nous à peu de frais tandis que nous la main-d'œuvre ici en France est très chère. Alors automatiquement on a des problèmes. Si on prend du personnel nous on est obligé de le payer tandis qu'eux avec j'sais pas moi peut-être 4–5 francs par jour i ils paient un ouvrier hein.»

Par rapport au français standard, le français méridional présente des particularités phonétiques dont les suivantes:

1. La prononciation du E muet est plus fréquente à la fin des mots et à l'intérieur des mots.

   exemple: p<u>e</u>tit<u>e</u>

   Pour vous y sensibiliser, réécoutez le passage ci-dessus et repérez:

   a. le mot **main-d'œuvrE**

   b. le mot **automatiquEment**

2. Les voyelles nasales (an, am; on, om; in, im; un) du français standard sont suivies en français méridional de la consonne nasale N ou M.

   exemple: to<u>m</u>Mbe

   Par exemple, réécoutez toujours le passage ci-dessus, et repérez le mot **FrANce.**

3. Certains groupes consonantiques comme X, prononcé -KS- ou -GZ- en français standard, sont simplifiés en français méridional.

   exemple: e<u>x</u>emple—e<u>z</u>emple

   Par exemple, prononcez le verbe **eXporter,** puis écoutez comment le prononce le locuteur dans le passage ci-dessus.

4. En français méridional l'intonation varie plus qu'en français standard. En particulier la voix monte très haut en continuation. Ecoutez en particulier l'intonation du locuteur après **à peu de frais.** Sa voix monte ou descend?

B. **Vocabulaire**

1. Placez les mots de la liste ci-dessous dans la colonne qui convient. Ecrivez les verbes à la troisième personne du singulier (On).

   traire les vaches / se promener dans la zone piétonne / diriger une grande entreprise / faire du commerce / labourer les champs / récolter les produits de la terre / faire des achats dans des grandes surfaces / se déplacer en autobus / cueillir les fruits / ramasser les pommes de terre / travailler dans un bureau / construire des immeubles / créer des espaces verts / irriguer / visiter des expositions / vendanger

Activités de la campagne	*Activités de la ville*

2. Placez maintenant les mots ci-dessous dans les deux colonnes données.

vigne / bétail / volaille / fleurs / troupeaux de moutons / céréales / légumes / bovins / coton / arbres fruitiers

Cultures	Elevage

3. Les mots suivants désignent chacun un ensemble de produits agricoles. Faites la liste des produits végétaux ou animaux que comprend chaque mot.

Céréales	Bétail	Volaille

4. Faites correspondre les produits ou les animaux dans la colonne de gauche aux lieux où on les cultive ou où on les loge dans la colonne de droite.

1. les chevaux   a. les prairies

2. les légumes   b. le poulailler

3. les céréales   c. le verger

4. les fruits   d. le potager

5. le raisin   e. l'étable

6. les animaux   f. les champs

7. les volailles   g. le vignoble

8. les vaches   h. l'écurie

5. Pendant l'interview (section **Compréhension**), on entend un coq qui chante et un chien qui aboie. Quels autres cris d'animaux domestiques connaissez-vous? Reliez avec une flèche l'animal et son cri. Avant de consulter votre dictionnaire, essayez de deviner.

le chat   hennir

la poule   bêler

le cochon   roucouler

la vache   miauler

le cheval   grogner

le mouton   glousser

le pigeon   mugir

6. **Les outils et instruments agricoles.** A l'aide de flèches, faites correspondre un mot de la colonne du milieu à un des dessins.

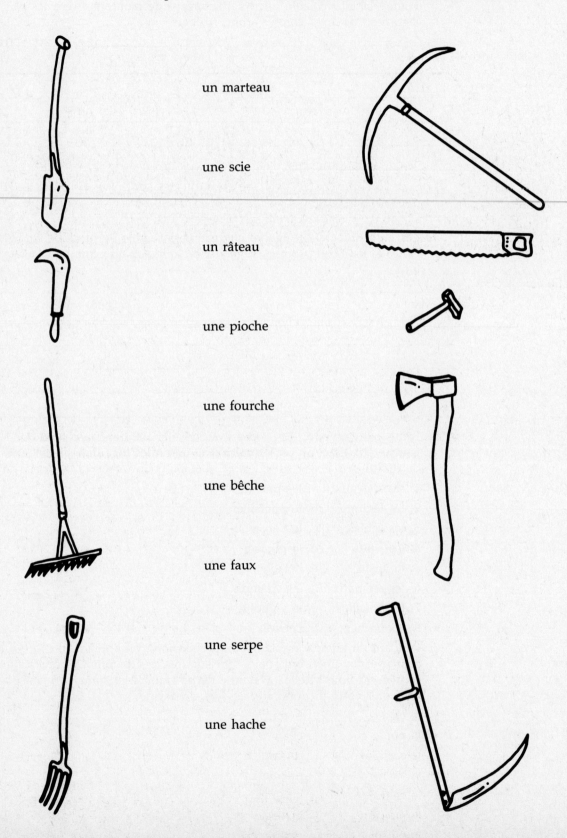

un marteau

une scie

un râteau

une pioche

une fourche

une bêche

une faux

une serpe

une hache

IV. Sensibilisation culturelle

Élevage bovin en Camargue

A. Le passage ci-dessous est extrait du roman de Marcel Pagnol, *Jean de Florette*. C'est l'histoire d'un citadin, Jean Cadoret, qui quitte la ville avec sa famille pour s'installer dans une ferme. Le travail de la terre est dur, et il l'est d'autant plus que Jean souffre d'une infirmité: il est bossu...
Lisez le texte en vous aidant de la définition des mots donnée plus bas.

Le lendemain matin Jean Cadoret commença ses travaux de pionnier.

Il se leva sans bruit, avant le jour. Afin de ne pas réveiller sa femme et sa fille, il descendit l'escalier ses souliers à la main, souffla sur les braises* pour faire chauffer son café, et partit travailler au bord le plus lointain du champ.

Avant d'attaquer le premier arbuste* sauvage, il lui fit, dans l'aube* naissante, un petit discours, en invoquant la nécessité où il se trouvait de nourrir sa famille; puis, pour toutes ces plantes qu'il allait tuer, il joua un petit air d'harmonica, noble et triste, pendant que le jour se levait...

Ses premières journées ne furent pas très efficaces. A cause de sa maladresse, la hache, la serpe et la scie lui coûtaient de trop grands efforts, et il n'avait pas réussi à amincir* le tranchant* de la faux, en le battant sur la petite enclume. De plus, quand il lançait devant lui la grande lame, la pointe se plantait en terre; s'il n'avait pas vu, dans son enfance, des faucheurs* abattre l'andain* avec une parfaite aisance, il eût jeté cet outil absurde. Mais il réfléchit, et s'obstina. Il s'appliqua à relever légèrement la pointe, il apprit à faire pivoter son torse, et en moins d'une semaine, il fut capable de manier l'instrument comme un véritable professionnel.

De même, il découvrit les gestes qui lèvent la pioche à la bonne hauteur, et la plantent à la bonne distance, par un effort juste et mesuré. Sans doute retrouvait-il cette adresse et cette efficacité dans son hérédité paysanne. Peut-être aussi parce que les travaux manuels (quoi qu'en disent les démagogues) n'exigent pas un véritable génie, et qu'il est bien plus difficile d'extraire une racine carrée qu'une racine de genêt*.

Avec la serpe à long manche, il trancha les ronces* géantes, et les épineux argéras*. Puis il faucha les chardons*, et, à deux mains, il arracha les cistes* et les romarins… Enfin, armé de la fourche et du râteau, il tirait jusqu'aux pinèdes* latérales cette verdure massacrée, suivi par l'ânesse et les chèvres qui choisissaient leur pâture de chardons et de serpolet.

Vers huit heures, il accrochait la faux dans un olivier, rangeait ses outils, et jouait sur l'harmonica une ritournelle* de cor de chasse. Alors, sa femme et sa fille venaient apporter le casse-croûte, car il tenait à déjeuner sur les lieux de son travail, comme un paysan… C'était un vrai repas: des œufs durs, des anchois, des charcuteries, d'épaisses tranches de pain, et un grand verre de vin rouge.

Puis, après quelques bavardages, et parfois un peu de musique, tout le monde se remettait au travail. Le père reprenait la faux ou la fourche, la mère allait faire son ménage, la fillette surveillait les chèvres.

A midi, la chantante Aimée mettait le couvert sous la treille*; mais le bossu ne s'accordait qu'une demi-heure pour ce repas, et il repartait au travail, jusqu'à la tombée de la nuit.

Alors, aux premiers appels des chouettes*, il rentrait, épuisé, mais souriant, dans la grande cuisine où la petite fille, au bout de la table, faisait des pages d'écriture, pendant que sa mère disposait les assiettes autour d'un bouquet de fleurs des champs. Il se lavait, et peignait ses cheveux noirs d'où tombaient des brindilles, des feuilles de thym, des miettes d'écorce*.

Il allait ensuite s'asseoir tout près de la lampe, et avec une aiguille purifiée sur la flamme d'une bougie, il cherchait sous la peau de ses doigts les épines de la journée, tandis que la fillette attentive poussait de petits cris de douleur, et tirait brusquement la grande main vers elle, pour baiser le doigt meurtri.

Pendant le dîner, il exposait, une fois de plus, les plans longuement mûris qui devaient si vite assurer leur fortune, et surtout celle de la petite; alors, on voyait rouler sur la table un carrousel de pièces d'or. Après le dessert, il s'installait devant le feu: la petite Manon, assise sur un coussin, accrochée au mollet de son père, appuyait ses boucles contre son genou, et il jouait sur son harmonica les vieilles chansons paysannes, ou les antiques noëls provençaux. Parfois Aimée chantait, d'une admirable voix de soprano, et son mari l'accompagnait à la tierce; au clair de lune, dans les pins, la flûte des chouettes donnait de lointaines réponses.

Pendant les premières semaines, le surmenage* de son mari inquiéta Aimée, et lui-même craignit un moment de ne pouvoir soutenir son effort. Mais il s'aperçut bientôt que ses forces grandissaient chaque jour, et que l'air des collines faisait de lui un autre homme…

Pour la première fois de sa vie, il avait grand plaisir à vivre: sa mère était née dans cette ferme solitaire, elle avait, dans sa jeunesse, «acané*» les amandes de ces amandiers, et tendu les toiles dans l'herbe sous ces oliviers, plantés par les aïeux* deux ou trois siècles plus tôt… Il aimait ces pinèdes, ces cades*, ces térébinthes*, le coucou* du matin, l'épervier* de midi, les chouettes du soir, et tandis qu'il piochait sa terre, sous les croisières des hirondelles*, il pensait qu'aucune de ces créatures vivantes ne savait qu'il était bossu.

Marcel Pagnol, *Jean de Florette*, Editions de Fallois.

les braises: ce qui reste du feu quand les flammes sont éteintes

un arbuste: un petit arbre

l'aube: le lever du soleil

amincir: rendre plus mince, plus fin

le tranchant: le bord coupant de la lame

un faucheur: celui qui fauche, qui se sert d'une faux

l'andain: ligne formée par les herbes que le faucheur coupe

le genêt: un arbuste sauvage à fleurs jaunes

des ronces, argéras, chardons, cistes: des plantes qui ont des épines

une pinède: une plantation de pins

une ritournelle: le refrain d'une chanson

la treille: un toit formé par la vigne

une chouette: un oiseau nocturne

miettes d'écorce: petites particules de l'enveloppe d'un arbre

le surmenage: la fatigue

«acané»: battu avec une cane ou un bâton

les aïeux: les ancêtres

des cades, térébinthes: des arbustes

un coucou, un épervier, une hirondelle: des oiseaux

B. Questions

1. Numérotez les paragraphes du texte ci-dessus de 1 à 13 à partir de **Il se leva sans bruit.**

2. Reconstituez l'emploi du temps de Jean de Florette, en disant ce qu'il fait (utilisez le présent et résumez ses activités):

Modèle   avant le lever du jour, **il se lève**

    a. avant de partir travailler, _____

    b. jusqu'à 8 heures, _____

    c. à 8 heures, _____

    d. jusqu'à midi, _____

    e. à midi, _____

    f. l'après-midi, _____

    g. le soir avant le dîner, _____

    h. pendant le dîner, _____

    i. après le dîner, _____

3. Cherchez dans le texte quelles activités font la mère et la fille, et dites à quel moment de la journée elle les font. (Ecrivez aussi des phrases au présent.)

    a. Aimée, la mère _____

    _____

    _____

b. La fille _____

_____

_____

4. Relisez les paragraphes 3, 4, et 5.

a. Quels sont les instruments que Jean de Florette a d'abord eu de la

difficulté à manier? _____

b. Puis il apprend que, pour bien manier ces instruments, on doit faire quoi?

Pour bien manier _____

on doit _____

Pour bien manier _____

on doit _____

c. D'après le paragraphe 5, quels travaux de pionnier a-t-il fait? (Ecrivez des phrases complètes au passé composé et **non pas** au passé simple comme dans le texte).

Il _____

_____

5. Relisez les deux derniers paragraphes (12 et 13) et dites quel est l'effet

du travail en plein air sur la santé de Jean: _____

_____

Et sur son bien-être moral: _____

_____

6. Relisez tout le texte et relevez dans la liste suivante les adjectifs qui vous semblent décrire la personnalité de Jean.

doux / naïf / têtu / attentionné / rêveur / fada / sensible / prévenant / douillet / habile / travailleur / obstiné / niais

Puis, pour chaque adjectif, justifiez votre choix en vous référant au texte et en relevant une action de Jean qui prouve le trait de caractère.

Modèle   Il est *attentionné*, il ne fait pas de bruit le matin pour ne pas réveiller sa femme et sa fille.

_____

_____

_____

_____

_____

_____

_____

_____

_____

_____

7. A partir de l'ensemble du texte et de l'information donnée dans l'interview (section **Compréhension**) écrivez un paragraphe dans lequel vous décrirez le Midi méditerranéen (situation géographique, climat, végétation, animaux, activités humaines...).

_____

_____

_____

_____

_____

_____

_____

_____

_____

_____

8. Préparez-vous à discuter oralement le texte en classe. Relevez dans le texte les éléments qui vous frappent. Pensez, par exemple, à l'horaire de Jean, à ses activités, à celles de sa femme... et préparez-vous à discuter la vie du fermier d'autrefois, en la comparant soit à la vie moderne, soit à la vie des agriculteurs dans votre pays.

V. Production libre

A. **Orale**

1. **Savez-vous comparer?** En dehors de la classe, cherchez dans des revues françaises ou dans des prospectus une image qui représente la maison de vos rêves (par exemple une ferme à la campagne ou un petit appartement en ville). Ou bien dessinez votre maison idéale. Puis, en classe, en groupes de deux ou trois, vantez les avantages de votre maison, en la comparant à celles de vos camarades. Construisez des phrases comparatives sur les modèles suivants:

    a. _La mienne_ est _plus spacieuse_ que _la tienne_. Oui, mais la mienne est moins chère à chauffer...

    b. La mienne a _plus de_ fenêtres que _celle_ de Pierre.

    c. La mienne se trouve à la campagne dans le calme, _tandis que / alors que_ la tienne est en ville dans le bruit.

2. **Interview.** Interrogez votre voisin(e) sur son cadre de vie préféré. Demandez par exemple:

    a. Quel cadre de vie préfères-tu? Celui de la ville ou celui de la campagne?

    b. Pour quelles raisons?

    c. Selon toi, quels sont les avantages et les inconvénients des deux?

    Pensez au lieu de travail, au type d'habitation, à la santé, aux possibilités culturelles, aux activités...

3. **Discussion en groupes de trois ou quatre sur les agriculteurs dans votre pays.** Connaissez-vous des cultivateurs? Si oui, aiment-ils leur métier? A quelles difficultés se heurtent-ils? Dans quelle situation économique se trouvent-ils à l'heure actuelle? Pouvez-vous comparer leur vie à celle de Jean de Florette? (Voir la section **Sensibilisation culturelle**.)

4. **Exposé sur la Communauté économique européenne (C.E.E.).**

   Cherchez en dehors de la classe des informations supplémentaires à celles données dans le dossier sur cette institution européenne, en vue de faire un exposé d'une quinzaine de minutes devant la classe.

   Informez-vous en particulier sur

   a. la fondation de cet organisme

   b. les diverses institutions de la C.E.E.

   c. les succès et les difficultés rencontrés dans l'application de la politique communautaire

B. **Production écrite**

1. **Rédaction d'une lettre.** Vous passez des vacances à la campagne et vous écrivez à un(e) ami(e) pour lui décrire l'endroit où vous êtes, les activités que vous avez, les personnes que vous rencontrez. Datez votre lettre, précisez le lieu d'où vous l'écrivez et utilisez le présent.

2. Le roman de Marcel Pagnol, *Jean de Florette*, a été récemment mis au cinéma par le réalisateur Claude Berri avec les acteurs Gérard Depardieu et Yves Montand. Demandez à votre professeur où vous pouvez vous le procurer. Regardez-le et, à partir du texte ci-dessus et du film, rédigez un portrait de Jean de Florette. Parlez de sa vie, de ses ambitions, de ses difficultés, de sa personnalité... et, bien entendu, ajoutez des commentaires personnels sur le personnage et sur la vie qu'il mène à la campagne avec sa famille.

8

Pourquoi cette spécialité en médecine?

I. Préparation à l'écoute

Visite médicale à domicile

A. En France on parle:
   des retraités
   des personnes âgées
   des personnes du 3e âge

   1. Pouvez-vous dire ou deviner pourquoi on n'emploie pas le terme

   vieux? _____

   _____

2. Trouvez dans le dictionnaire quatre ou cinq mots qui appartiennent à la même famille que **vieux** / **vieille.**

Vieillir, _____

_____

_____

B. En groupes de deux ou trois, regardez le document ci-dessous.

La pyramide des âges exprime l'histoire de la population d'un pays. Sa disposition a aussi des implications économiques : elle influe sur la proportion respective des actifs et des inactifs dans la population : or ce sont les actifs qui nourrissent les inactifs : c'est ainsi que ceux qui cotisent aujourd'hui pour leur retraite paient en fait celle des retraités d'aujourd'hui. On ne peut donc souhaiter un vieillissement progressif de la population.

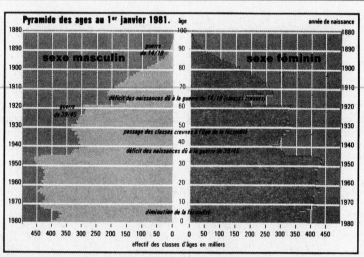

Jacques Bethemont et al. *Géographie. Première France / Europe*, Bordas.

Cherchez les réponses aux questions suivantes:

1. D'après «la pyramide des âges» le taux de fécondité a augmenté en France après la deuxième guerre mondiale. A partir de quelle(s) année(s) recommence-t-il à diminuer? _____

2. D'après le paragraphe, pour quelles raisons le vieillissement de la population n'est-il pas souhaitable? _____

_____

3. Constate-t-on un problème similaire dans votre pays? _____

C. L'interview va aborder les problèmes que rencontrent les personnes âgées en France. En vous aidant au besoin du dictionnaire, faites une liste des maladies dont, à votre avis, les personnes âgées souffrent le plus souvent.

_____   _____

_____   _____

En dehors des problèmes de santé, les personnes âgées ont d'autres ennuis. Lesquels, selon vous? _____

_____

D. **Prédictions**
Relisez le titre du dossier. Quelle est probablement la spécialité du médecin interviewé? Au besoin, consultez le dictionnaire. _____

II. Compréhension

A. Ecoutez l'interview en entier une seule fois.

   1. Très généralement, quelle est la profession du locuteur? _____

   _____

   2. De qui parle-t-il? _____

B. Ecoutez du début jusqu'à «**...pour leur succéder.**»

   1. De quelles personnes s'occupe la gérontologie? _____

   _____

   2. Dans quelles sous-catégories le médecin classe-t-il les personnes âgées?
     Donnez le nom des catégories et les tranches d'âge.

    Nom de catégorie   *Tranche d'âge*

    _____   _____

    _____   _____

   3. Dans la deuxième partie de sa réponse, le locuteur donne des
     statistiques. Relevez-les.

    Date (l'interview a été   *Proportion de personnes âgées*
    réalisée en 1987)

    _____   _____

    _____   _____

    Ces statistiques lui servent à exprimer une inquiétude. Selon lui,

    qu'est-ce qui augmente en France? _____

    _____

    Pourquoi y a-t-il actuellement en France un vieillissement de la popula-

    tion? _____

    _____

    Dans quels autres pays trouve-t-on le même phénomène?

    _____

C. Ecoutez la suite jusqu'à «**...par les médecins.**»

   1. Trouvez dans ce passage un verbe pronominal qui signifie **devenir plus
     grave, plus dangereux:**

    _____

   2. Relevez les quatre parties du corps que mentionne le locuteur:

    le _____, le _____

    les _____, les _____

3. Les personnes âgées souffrent:

    a. de combien de «groupes» de maladies? _____

    b. de quelles maladies? _____

    _____

4. Ces maladies peuvent déjà se trouver chez les personnes de quelle

    tranche d'âge? _____

D. Ecoutez la suite jusqu'à «...**difficiles à supporter.**»

    1. Dans le contexte de l'interview, les verbes suivants signifient

a. s'améliorer	devenir plus beau	☐
	devenir moins grave	☐
	devenir meilleur	☐
b. diminuer	devenir moins fort	☐
	se déprécier	☐
	rendre faible	☐
c. supporter	soutenir	☐
	résister	☐
	tolérer	☐

    2. Trouvez dans le passage les adjectifs qui signifient *le contraire* des adjectifs suivants:

    bons: _____

    gentils: _____ et _____

    3. A l'aide des symboles **+**, **=**, ou **−**, indiquez l'évolution chez les personnes âgées:

    (**+** augmentation avec l'âge; **=** constant avec l'âge; **−** baisse avec l'âge)

    a. du nombre de problèmes psychologiques   _____

    b. du degré de nervosité ou de stress   _____

    c. de la présence des traits de caractère dominants   _____

E. Ecoutez la suite jusqu'à «...**ils ont vécu.**»

    1. Dans le contexte de l'interview **tant que** signifie

    tellement que   ☐

    aussi longtemps que   ☐

    autant que   ☐

    Maintenant répondez:

    Qui peut «prolonger sa vieillesse»? _____

    Comment? _____

    2. Quelle aptitude physique ou intellectuelle est atteinte par des infirmités

    a. de la vue? _____

    b. de l'ouïe? _____

    c. des membres? _____

3. Identifiez l'expression **milieu habituel** et trouvez dans la suite de l'interview deux expressions synonymes:

_____   _____

Maintenant, dites quel est le but de la gérontologie. _____

_____

F. Ecoutez la suite jusqu'à la fin.

1. Le locuteur donne d'abord des renseignements sur les services sociaux organisés pour les personnes âgées. Jusqu'à quels mots? (Ecrivez les

trois derniers mots.) _____

a. Trouvez dans ce passage:

un nom qui correspond au verbe **soigner:** _____

une expression synonyme de **à la maison** ou **chez eux:** _____

un verbe qui correspond à l'adverbe **tard:** _____

le nom de l'**institution** où entrent les personnes âgées: _____

b. Maintenant, répondez:

Le gouvernement a organisé quoi? _____

Avec qui? _____

Dans quel but? _____

2. Après ces renseignements, le locuteur récapitule et ajoute une explication.

a. Quel mot de liaison utilise-t-il pour introduire cette explication?

_____

b. Qu'est-ce que les jeunes et les enfants rejettent? _____

_____

c. C'est donc la «mode» de mourir où? _____

d. A votre avis, le locuteur critique-t-il cette mode ou est-il d'accord

avec elle? _____

_____

e. Quels indices (expressions, traits de l'oral) vous permettent de justi-

fier votre réponse? _____

_____

G. Réécoutez toute l'interview et faites une liste des différents points que les deux locuteurs abordent.
Attention! Utilisez des noms.

a. **la définition du mot** _gérontologie_

b. _____

c. _____

d. _____

e. _____

f. _____

g. _____

H. Maintenant, pour chaque point que vous avez énuméré, préparez-vous à reconstituer en classe, oralement, l'information que donne le gérontologue. Préparez-vous aussi à ajouter vos propres commentaires sur les différents problèmes présentés par le médecin dans l'interview.

Personnes du troisième âge en promenade

III. Pratique de la langue

A. **Lexique**

1. **Les spécialités en médecine.** Complétez avec le nom du spécialiste et le nom de la spécialité.

   Modèle Le **gérontologue** soigne les personnes âgées.
   Sa spécialité est la **gérontologie.**

   a. Le _____ soigne les enfants.

   Sa spécialité est la _____.

   b. Le _____ s'occupe des maladies du cœur.

   Sa spécialité est la _____.

   c. Le _____ opère les malades.

   Sa spécialité est la _____.

   d. Le _____ psychanalyse les névrosés.

   Sa spécialité est la _____.

e. Le _____ soigne les animaux.

Sa spécialité est la _____.

f. Le _____ s'occupe des maladies de la peau.

Sa spécialité est la _____.

g. Le _____ s'occupe des femmes et des accouchements.

Sa spécialité est la _____.

h. Le _____ soigne les dents.

Sa spécialité est la _____.

2. Dans la liste ci-dessous, certains verbes réfèrent aux actions du médecin, d'autres à celles du malade. Classez-les en deux listes.

ausculter / soigner / prendre des médicaments / suivre un régime amaigrissant / opérer / écrire une ordonnance / se soigner / être transporté à l'hôpital en ambulance / faire une piqûre / panser une blessure / examiner / payer les honoraires du médecin / suivre un traitement

Le médecin	*Le malade*
_____	_____
_____	_____
_____	_____
_____	_____
_____	_____
_____	_____
_____	_____

3. Trouvez le substantif qui correspond au verbe donné.

Modèle   se blesser   **la blessure / le blessé**

tousser _____

souffrir _____

s'évanouir _____

traiter _____

guérir _____

opérer _____

soigner _____

4. Trouvez les cinq sens à partir des verbes donnés.

Modèle   voir   **la vue**

entendre _____

sentir _____

goûter _____

toucher _____

5. A l'aide d'une flèche, faites correspondre chaque mot de la colonne de
gauche à son contraire dans la colonne de droite.

tomber malade   grossir

vieillir   se réveiller

diminuer   s'énerver

s'aggraver   guérir

se calmer   rajeunir

retarder   s'améliorer

maigrir   avancer

s'endormir   augmenter

6. Sur le dessin ci-dessous, indiquez les organes suivants:

le cerveau / le cœur / le foie / les reins / les intestins / les artères (en
noir sur le schéma) / les veines (en blanc sur le schéma) et les parties
de corps que vous voyez

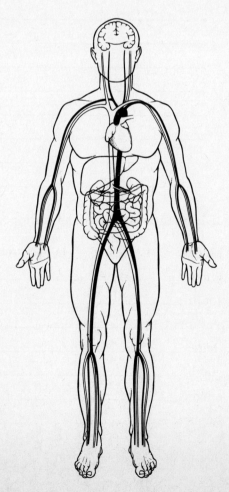

Maintenant, imaginez que vous avez mal quelque part. Vous dites par exemple: **J'ai mal à la tête, j'ai mal au..., j'ai mal aux...** Continuez avec d'autres parties du corps.

7. Savez-vous lire un thermomètre français et pouvez-vous dire si vous avez de la fièvre? Regardez les deux thermomètres et répondez aux questions.

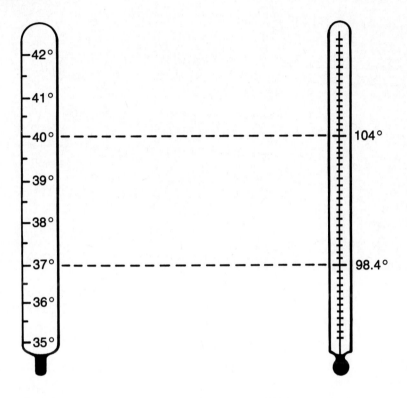

Thermomètre français centigrade en Celsius

Thermomètre américain en Fahrenheit

a. Vous prenez votre température en France. Vous avez 36°8. Vous avez de la fièvre? _____

b. Et si vous avez 39°2, vous en avez? _____

c. Si vous avez 41°, qu'est-ce que vous devez absolument faire?

_____

IV. Sensibilisation culturelle

A. En vous aidant de la définition des mots donnée sous le texte, lisez le passage suivant, extrait du livre *Essais sur l'histoire de la mort en Occident* dont l'auteur est Philippe Ariès, un des historiens français de la «nouvelle histoire»? Ce groupe d'historiens, au lieu de s'intéresser à l'histoire «événementielle» (c'est-à-dire aux événements et aux dates), étudient l'histoire des «mentalités», c'est-à-dire des coutumes et des usages sociaux. Dans son livre, Philippe Ariès analyse les différentes attitudes de l'homme occidental devant la mort et termine par les réflexions suivantes sur la mort dans la société industrielle.

«On visite encore les tombes à inhumation.»

On meurt à l'hôpital parce que l'hôpital est devenu l'endroit où on donne des soins qu'on ne peut plus donner à la maison. Il était autrefois l'asile* des misérables*, des pèlerins*; il est d'abord devenu un centre médical où on guérit et où on lutte contre la mort. Il a toujours cette fonction curative, mais on commence aussi à considérer un certain type d'hôpital comme le lieu privilégié de la mort. On est mort à l'hôpital parce que les médecins n'ont pas réussi à guérir. On vient ou on viendra à l'hôpital non plus pour guérir, mais précisément pour mourir..., parce qu'il est devenu inconvenant de mourir chez soi...

Les rites des funérailles ont été aussi modifiés... Dans la zone de la mort nouvelle et moderne, on cherche à réduire au minimum décent les opérations inévitables destinées à faire disparaître le corps. Il importe avant tout que* la société, le voisinage, les amis, les collègues, les enfants s'aperçoivent le moins possible que la mort a passé. Si quelques formalités sont maintenues, et si une cérémonie marque encore le départ, elles doivent rester discrètes et éviter tout prétexte à une quelconque émotion*: c'est ainsi que les condoléances à la famille sont maintenant supprimées* à la fin des services d'enterrement. Les manifestations apparentes du deuil* sont condamnées et disparaissent. On ne porte plus de vêtements sombres, on n'adopte plus une apparence différente de celle de tous les autres jours.

Une peine* trop visible n'inspire pas la pitié, mais une répugnance; c'est un signe de dérangement mental ou de mauvaise éducation; c'est *morbide*. A l'intérieur du cercle familial, on hésite encore à se laisser aller, de peur d'impressionner* les enfants. On n'a le droit de pleurer que si personne ne vous voit ni ne vous entend: le deuil solitaire et honteux* est la seule ressource, comme une sorte de masturbation.

Une fois le mort évacué, il n'est plus question de visiter sa tombe. Dans des pays où la révolution de la mort est radicale, en Angleterre par exemple, l'incinération* devient le mode dominant de sépulture*... Malgré les efforts des administrations des cimetières, on ne visite guère les urnes* aujourd'hui, alors qu'on visite encore les tombes à inhumation. L'incinération exclut le pèlerinage...

L'ensemble des phénomènes que nous venons d'analyser n'est autre chose que la mise en place d'un interdit*: ce qui était autrefois commandé est désormais* défendu.

Le mérite d'avoir dégagé* le premier cette loi non écrite de notre civilisation industrielle revient au sociologue anglais Geoffrey Gorer. Il a bien montré comment la mort est devenue un tabou et comment, au XXe siècle, elle a remplacé le sexe comme principal interdit. On disait autrefois aux enfants qu'ils naissaient dans un chou*, mais ils assistaient à la grande scène des adieux au chevet* du mourant. Aujourd'hui, ils sont initiés dès* le plus jeune âge à la physiologie de l'amour, mais, quand ils ne voient plus leur grand-père et s'en étonnent, on leur dit qu'il repose dans un beau jardin parmi les fleurs...

L'interdit de la mort succède tout d'un coup à une très longue période de plusieurs siècles, où la mort était un spectacle public auquel nul n'aurait eu l'idée de se dérober*, et qu'il arrivait qu'on recherchât. Quel rapide renversement!

Une causalité immédiate apparaît tout de suite: la nécessité du bonheur, le devoir moral et l'obligation sociale de contribuer au bonheur collectif en évitant toute cause de tristesse ou d'ennui, en ayant l'air d'être toujours heureux, même si on est au fond de la détresse. En montrant quelque signe de tristesse, on pèche contre le bonheur, on le remet en question, et la société risque alors de perdre sa raison d'être...

Philippe Ariès, *Essais sur l'histoire de la mort en Occident*. Editions du Seuil.

l'asile: le refuge

les misérables: les pauvres

les pèlerins: les personnes qui voyageaient pour des motifs religieux (par ex, la visite d'un lieu saint)

il importe avant tout que: le plus important est que

une quelconque émotion: toute émotion

sont supprimées: n'existent plus

deuil: douleur à cause de la mort de quelqu'un

peine: souffrance, douleur, tristesse

impressionner: émouvoir, frapper, faire peur

honteux: déshonorant, dégradant

incinération: crémation

sépulture: inhumation

urnes: vases où on met les cendres des morts

interdit: tabou, interdiction sociale

désormais: à partir d'aujourd'hui

avoir dégagé: avoir montré

chou: légume à grandes feuilles

au chevet: près du lit

dès: depuis

se dérober: se libérer, éviter

Numérotez les paragraphes de 1 à 8 et répondez.

1. Pour analyser l'attitude de l'homme d'aujourd'hui devant la mort, Philippe Ariès la compare à celle de l'homme d'autrefois. Résumez les changements que l'auteur énumère en complétant les phrases suivantes (<u>Attention!</u> au temps des verbes):

   a. Autrefois l'hôpital était un lieu d'asile pour les
   _____ et les _____.
   Aujourd'hui c'est un lieu où on _____ et où
   on _____.

   b. Autrefois on mourait _____. Aujourd'hui on
   _____ à l'hôpital.

   c. Autrefois la cérémonie d'enterrement était longue. Aujourd'hui
   elle _____.

   d. Autrefois on _____. Aujourd'hui on se cache
   pour pleurer.

   e. Autrefois on enterrait les morts en les mettant dans des
   _____. Aujourd'hui on préfère
   _____ et on dépose leurs cendres dans
   des _____.

   f. Autrefois il existait un culte des morts et on se rendait au
   _____. Aujourd'hui cette pratique _____.

   g. Autrefois _____ était objet d'interdit.
   Aujourd'hui c'est _____.

2. Relisez le 2e paragraphe et dites quelles sont les deux coutumes funéraires qui tendent à disparaître. Relevez des noms.

   a. _____

   b. _____

3. Cherchez dans le texte les causes des phénomènes suivants (essayez d'utiliser vos propres mots):

   a. La cérémonie funéraire est de plus en plus rapide (relisez le 2e paragraphe). Pourquoi? _____
   _____

   b. La douleur est bannie (relisez le 3e paragraphe).
   Pourquoi? _____
   _____

    c. La mort est un tabou dans la société industrielle (relisez le dernier paragraphe).

       Pourquoi? _____

       _____

4. Relisez les deux dernières phrases du 6e paragraphe: «on disait autrefois aux enfants... Aujourd'hui, ils sont initiés...». Quelle phrase décrit les coutumes passées, la 1re ou la 2e? _____

   Quelles coutumes décrit donc l'autre phrase? _____

   _____

   Quel temps verbal utilise-t-on donc pour décrire des coutumes anciennes? _____

   Avec quelle expression temporelle? _____

5. Préparez-vous à discuter oralement le texte en classe.

   En vous référant aux pratiques funéraires dans votre pays, dites si l'analyse de Philippe Ariès vous semble juste. Si «on meurt à l'hôpital», pourquoi, selon vous? Comment se déroule la cérémonie funéraire? Quel est le mode privilégié de sépulture? Existe-t-il un culte des morts? Bref, les coutumes mortuaires sont-elles différentes de celles décrites par l'auteur du texte? Et, selon vous, qu'est-ce qu'elles révèlent sur l'attitude de l'homme moderne devant la mort?

V. Production libre

A. **Orale**

1. **Jeu de rôles / devinette:** Chez le médecin

   a. Avant la classe, choisissez une maladie dont vous connaissez les symptômes. Renseignez-vous, s'il le faut. Faites une liste en vous reportant à la section **Pratique de la langue.** Au besoin, consultez votre dictionnaire. Faites part de votre choix à votre professeur, mais <u>Attention!</u> ne dites pas le nom de votre «maladie» aux membres de la classe.

   b. En classe, imaginez que vous êtes en France et que vous tombez malade. Vous allez chez le docteur (en groupes de deux: le malade et le docteur).

     —Le «malade» dira au «médecin» quels sont ses symptômes.

     —Le «médecin» établira d'abord le dossier médical (le passé médical) du «malade», puis essayera de diagnostiquer sa maladie en posant des questions comme «Depuis quand est-ce que vous avez de la fièvre?» ou «Est-ce que vous avez mal à...?», etc... Il prescrira ensuite un traitement ou enverra le malade chez le spécialiste approprié.

   c. Vous pouvez ensuite:

     —changer de rôles (le «docteur» devient le «malade», et vice-versa),

     —présenter votre sketch devant la classe et lui faire deviner de quelle maladie il s'agit,

     —faire une comparaison générale du travail des groupes.

2. **Discussion.** Connaissez-vous des personnes âgées? Comment les voyez-vous?

En groupes de deux ou trois, discutez le mode de vie, la personnalité, les activités... des personnes âgées de votre entourage.

a. Où vivent-elles? Dans une maison de retraite? Laquelle?

b. Sont-elles restées dans leur milieu familial?

c. Comment sont-elles? Souffrent-elles de la solitude? Sont-elles actives, désœuvrées...? Leur personnalité est-elle agréable?

d. Comment vivent-elles? Souffrent-elles d'infirmités? Sont-elles adaptées à la société actuelle?

e. Comment se déplacent-elles? Quelles sont leurs occupations quotidiennes?

f. Qui voient-elles? Ont-elles des contacts avec les jeunes? avec leurs familles?...

g. Ont-elles recours à des services sociaux? Y en a-t-il pour elles dans votre pays? Lesquels? Sont-ils suffisants?

3. **Exposé sur les coutumes funéraires de votre pays ou d'une autre culture.** Décrivez les rites funéraires de votre pays ou rassemblez de l'information en dehors de la classe sur les rites funéraires d'un pays de votre choix, en vue de faire un exposé à la classe d'environ dix minutes. Pensez en particulier à la cérémonie des funérailles, au mode d'inhumation et au culte des morts.

4. **Etude de cas**

a. Lisez rapidement l'article suivant:

La mort libre

Dans une première lettre, le 19 novembre 1979, Mme Simone Lebret, alors âgée de soixante-treize ans, avait fait part de son intention de se donner la mort. C'était une femme très énergique, multipliant les activités, notamment artistiques. Elle peignait. Elle entendait *«se réaliser complètement»* dans la *«vie libre»*, sa vie. Mais le spectacle de ses parents qui *«avaient fini grabataires»* et mis *«respectivement six ans et dix ans à mourir»* lui avait fait prendre cette décision irrévocable.

Mme Lebret, dans sa première lettre destinée à être posthume, précisait: *«J'ai étudié des livres de toxicologie et arrêté mon choix sur une drogue.»*

Peu après, cette femme de tête adhère à l'Association pour le droit de mourir dans la dignité (ADMD). Trois années passent. Elle prépare une croisière qu'elle doit faire avec sa fille. Le 3 décembre 1982, elle reprend la plume dans une deuxième lettre à ses enfants.

La volonté, la fermeté, la résolution n'ont pas changé. Au contraire. Sa décision, écrit-elle, est *«prise depuis au moins vingt ans»*. Son détachement est total *«depuis longtemps»*. Elle est *«en pleine forme»*, donne des instructions pour son *«après-décès»*, et, surtout, interdit à ses proches toute tentative de réanimation. *«C'est un ordre»*, écrit-elle, en ajoutant: *«Ne pleurez pas; tout vaut mieux qu'une mère qui décline.»* Ainsi Simone Lebret se donne-t-elle la mort.

Trois jours plus tard, son corps est découvert à son domicile. Ses filles et ses gendres poursuivent, le 9 mars 1983, l'Association pour le droit de mourir dans la dignité.

Le Monde, Dossiers et documents, n.130.

---

b. Maintenant relisez le texte et résumez les événements dans l'ordre chronologique en vous aidant des indications temporelles données dans l'article.

1. Le 19 novembre 1979, Mme Simone Lebret fait part de sa décision de se suicider dans une lettre posthume.

2. Peu après, elle _____

3. Trois ans plus tard, elle _____

_____

4. Le 3 décembre 1982, elle _____

_____

5. Le 9 mars 1983, ses enfants _____

_____

c. Relevez deux expressions adjectivales qui décrivent la personnalité de Mme Simone Lebret.

_____   _____

d. Répondez oralement aux questions suivantes:

—Pourquoi Mme Lebret avait-elle pris la décision de se suicider?

—Comment s'est-elle suicidée? Avec quoi?

—Quand a-t-elle adhéré à l'A.D.M.D.? Avant ou après avoir pris sa décision?

—D'après vous, quel rôle a joué l'A.D.M.D. dans le suicide?

—Quel âge avait Mme Lebret quand elle s'est suicidée?

e. La suite de l'article (que vous n'avez pas) rapporte «le jugement du Tribunal de Paris.» Reconstituez le procès, en imaginant que vous jugez le cas et que vous devez:

—soit condamner l'A.D.M.D.

—soit acquitter l'A.D.M.D.

Cherchez d'abord seul(e) des arguments soit pour la condamnation, soit contre la condamnation de l'Association. Puis divisez la classe en deux groupes (groupe 1 pour, groupe 2 contre). Une personne d'un groupe présente un argument que l'autre groupe refute, et ainsi de suite. A la fin, imaginez que toute la classe est le jury au procès et prononce le jugement. Si la classe juge l'Association coupable, elle indiquera la peine à infliger.

B. **Production écrite**

1. Imaginez que vous êtes l'assistant soit de l'avocat des enfants de Mme Lebret (voir **Etude de cas** ci-dessus), soit de celui de l'A.D.M.D. Vous préparez le dossier pour votre avocat avant le procès. Vous devez d'abord résumer les faits présentés dans l'article, et en ajouter d'autres que vous imaginerez; puis proposer des arguments pour faciliter la plaidoirie de l'avocat lors du procès.

2. Vous pouvez aussi imaginer que vous étiez le greffier lors du procès de Mme Lebret. Vous avez pris des notes pendant l'audience. Maintenant vous rédigez un rapport dans lequel vous rappelez les faits, les plaidoiries des avocats et le jugement du tribunal.

9

Est-ce que tu peux donner des exemples concrets de la guerre conjugale?

I. Préparation à l'écoute

Pour vous faciliter la compréhension de l'interview, regardez d'abord les documents de la page de droite et, en groupes de deux ou trois ou seul(e), réfléchissez aux questions suivantes.

A. Regardez le diagramme qui présente les résultats d'un sondage sur la participation de l'homme français aux tâches domestiques et dites quels sont les travaux ménagers:

1. qui attirent le plus les hommes.

   _____

   _____

2. que les hommes répugnent encore à faire.

   _____

   _____

3. Comment expliquez-vous que l'homme soit toujours peu enclin à faire certaines corvées?

   _____

   _____

B. Pensez-vous que le sondage sur la fin du machisme révèle une évolution de la mentalité masculine?

   _____

1. Si vous êtes un homme, dites comment vous répondriez aux trois questions posées.

   _____

   _____

   _____

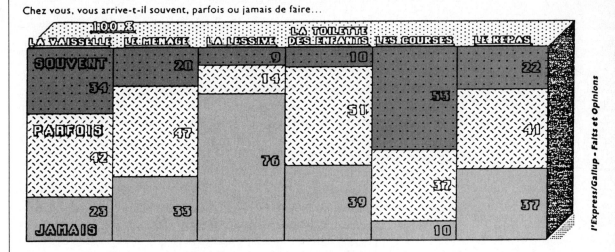

Chez vous, vous arrive-t-il souvent, parfois ou jamais de faire...

	LA VAISSELLE	LE MÉNAGE	LA LESSIVE	LA TOILETTE DES ENFANTS	LES COURSES	LE REPAS
SOUVENT	34	20	9	10	53	22
PARFOIS	42	47	76	51		41
					37	
JAMAIS	23	33		39	10	37

l'Express/Gallup - Faits et Opinions

La fin du machisme ?

La plupart des hommes se disent favorables à l'accession des femmes aux responsabilités :

- 70 % accepteraient facilement de travailler sous les ordres d'une femme ;
- 80 % que la situation de leur femme soit très supérieure à la leur ;
- 74 % que la France ait une femme comme président(e).

l'Express/Gallup (fév. 1984)

UN HOMME ET UNE FEMME

Hier, les deux membres du couple avaient des attributions bien distinctes. D'un côté, la mère-femme au foyer, de l'autre le père-chef de famille. Les couples d'aujourd'hui se reconnaissent de moins en moins dans cette description. Les rôles de l'homme et de la femme se sont rapprochés. Que ce soit pour faire la vaisselle... ou l'amour.

Demain, le 'nouvel homme' ?

On ne compte plus aujourd'hui les places fortes masculines conquises par les femmes. Et, pourtant, que représentent deux décennies de militantisme face à 2 000 ans de soumission ? Les prochaines années risquent d'être rudes pour les hommes, même si le mouvement féministe cherche aujourd'hui un second souffle ! D'autant que, pour parvenir à leurs fins, les femmes ont repris à leur compte la technique qui avait si bien réussi aux hommes pendant des siècles : la culpabilisation. Afin de mieux enfermer leurs compagnes dans leur rôle maternel et ménager, les hommes leur avaient fait entrevoir les conséquences dramatiques d'une éventuelle désertion du foyer. Afin de mieux prendre le pouvoir, certaines femmes ont malheureusement culpabilisé les hommes en les mettant en face des injustices qu'ils leur avaient fait subir.

La contrepartie des victoires féminines de ces dernières années est la crainte, de plus en plus apparente, d'avoir été trop loin dans l'égalitarisme, et de perdre dans les rapports quotidiens la spécificité (et donc la complémentarité) des deux sexes. Ces risques sont de plus en plus nombreux. Des femmes qui ont 'investi' dans leur vie professionnelle se retrouvent P.-D.G. mais célibataires ; d'autres, à force de vouloir ressembler aux hommes, ont fini par les éloigner. La littérature féminine de ces deux dernières années est pleine de ces histoires un peu tristes de femmes 'libérées' qui regrettent un peu le temps de la 'prison'...

Documents extraits de Gérard Mermet: *Francoscopie*, Larousse.

2. Si vous êtes une femme, aimeriez-vous

   a. avoir des hommes sous vos ordres? _____

   b. avoir une situation supérieure à celle de votre mari? _____

   c. être présidente de la République ou assumer des responsabilités

   importantes dans la vie politique de votre pays? _____

C. D'après le document intitulé «Un homme et une femme», quel rôle avait autrefois la femme?

_____

Et l'homme?

_____

Aujourd'hui, on assiste à une évolution de ces rôles. Laquelle?

_____

Selon vous, est-ce un progrès? _____

D. Les deux paragraphes de «Demain, le 'nouvel homme'» décrivent les problèmes actuels que pose l'égalité de l'homme et de la femme. Dites quels sont les problèmes des femmes, et de quoi souffrent les hommes.

_____

_____

Voyez-vous d'autres problèmes dans les relations entre hommes et femmes, ou vous semble-t-il que l'évolution vers l'égalité des rôles est positive?

_____

_____

E. **Prédictions**
Relisez le titre du dossier. Pouvez-vous prévoir deux ou trois exemples que la personne interviewée va donner?

_____

_____

_____

II. Compréhension

A. Ecoutez l'interview en entier une seule fois et cochez la / les réponse(s) juste(s).

La locutrice est sociologue, vous êtes journaliste. Dans quelle occasion iriez-vous l'interviewer:

☐ si vous faisiez une enquête sur le militantisme féministe des années 70

☐ si vous faisiez une enquête sur le gangstérisme à Paris

☐ si vous rédigiez un article sur les lois françaises en ce qui concerne l'avortement

    ☐ si vous faisiez une enquête sur les problèmes actuels du couple

    ☐ si vous cherchiez à vous informer sur les guerres napoléoniennes

    ☐ si vous faisiez une enquête sur la condition de la femme moderne en France

B. Ecoutez du début jusqu'à «**...et même métaphysique.**»

    1. La locutrice vient d'écrire un livre.

        a. Quel est le titre de ce livre? _____

        b. Quel est le sujet de ce livre? (Relevez deux mots.) _____

        _____

        c. Comment comprenez-vous ces deux mots? Pour les expliquer,

        définissez-les en utilisant vos propres mots: _____

        _____

    2. Dans ce passage, la locutrice expose ses intentions (c'est-à-dire ce qu'elle a voulu faire en écrivant son livre), en opposant l'approche habituelle à son approche personnelle.

        a. Pour introduire l'approche habituelle, elle utilise les expressions transcrites dans la colonne de gauche. Identifiez-les sur la bande et relevez dans la colonne de droite les mots qu'elle utilise pour introduire son approche personnelle.

L'approche habituelle	*Son approche personnelle*
1. *...que l'on croit en général*	1. *et que moi* (Ajoutez quatre mots.) _____
2. *...c'est-à-dire que généralement on croit que*	2. _____ _____ (Relevez cinq mots.)

        b. Maintenant, dites:

        —à l'intérieur de quelles disciplines on étudie généralement la rela-

        tion intime? _____

        _____

        —et quelle approche a adoptée la locutrice? _____

        _____

        —Pourquoi? Pour elle, la relation dans le couple équivaut à quelle

        sorte de pacte? _____

        _____

C. Ecoutez la suite jusqu'à «**...plus ça pouvait être drôle en plus.**»

    1. D'après la locutrice Clausewitz est un stratège qui a écrit à quelle

        époque? _____

    2. Pour étudier les conflits dans le couple, elle s'est inspirée des **règles** ou de la **logique** de quoi? _____

    _____

D. Ecoutez jusqu'à la deuxième fois que la locutrice dit «**...pose la question qui peut amorcer un conflit.**»

1. La locutrice mentionne six tâches ménagères dans ce passage. Relevez-en au moins quatre. Donnez le verbe à l'infinitif.

   a. _____ c. _____

   b. _____ d. _____

2. Quelle question simple se pose aujourd'hui dans la vie quotidienne du couple? (Relevez la question utilisée par la locutrice.)

   _____

3. Expliquez pourquoi la femme ne fait plus aujourd'hui automatiquement les tâches ménagères qu'elle faisait traditionnellement. (Utilisez autant que possible vos propres mots.)

   _____

   _____

   _____

E. Ecoutez la suite jusqu'à «**...qu'est-ce que tu as envie de faire? Bon...**»

1. D'après la question de l'interviewer, pendant quelles périodes les conflits pourraient-ils disparaître? _____

   _____

2. Pour expliquer la réponse négative de la locutrice, dites quelle question se pose au couple en période de loisirs.

   _____

F. Ecoutez la suite jusqu'à «**...contrairement à ce qu'on croit.**»

1. La locutrice distingue deux moments dans la relation amoureuse. A partir du 1er moment ci-dessous, trouvez le 2e. (Relevez quatre mots.)

   dans la phase de séduction ≠ _____

   Maintenant, entourez d'un cercle ci-dessus le moment où les deux amoureux prétendent partager les mêmes goûts.

2. La locutrice donne des exemples concrets d'activités de loisir ou de détente. Transcrivez-en quatre.

   moi, j' _____ toi, tu _____

   moi, j' _____ flipper toi, tu _____

   Qu'est-ce qu'elle veut prouver par ces exemples? _____

   _____

G. Ecoutez la suite jusqu'à «**...mais le crime c'est en famille.**»

1. La locutrice oppose deux points de vue sur la famille. Pous les clarifier, complétez le tableau suivant. (Relevez les mots de l'interview.)

   ☐ <u>Point de vue 1</u>

   D'après _____

   le couple est le lieu de _____

☐   Point de vue 2

D'après _____

le couple est le lieu du _____

Maintenant, cochez le point de vue que défend la locutrice.

2. D'après la locutrice, où a-t-on:

a. plus de chances de se faire   b. moins de chances de se faire

assassiner _____   assassiner _____

_____   _____

3. Dans le contexte de l'interview, le verbe **arracher** signifie:

déraciner   ☐

prendre de force   ☐

déchirer   ☐

Selon la locutrice, de quel délit mineur risque-t-on d'être la victime dans le métro?

_____

H. Ecoutez jusqu'à la fin.

1. La locutrice explique la violence des conflits dans le couple à l'aide d'une théorie psychologique.

a. Par quel psychologue célèbre cette théorie a-t-elle été défendue?

_____

b. Quelle est cette théorie? _____

_____

2. Relevez deux verbes synonymes qui, dans le contexte de l'interview, signifient **être infidèle, être adultère à son mari.** (Ecrivez les verbes à

l'infinitif.) _____

3. Selon la locutrice, quels sont les motifs

a. du crime normal: _____

b. du crime passionnel: _____

I. L'article de la page 130 donne un compte rendu du livre de la locutrice. Réécoutez l'interview et comparez le contenu de cet article à celui de l'interview.

1. Soulignez d'abord dans le texte les éléments dont parle la locutrice dans l'interview. (N'oubliez pas les titres et l'encadré.)

2. Choisissez maintenant au moins deux problèmes conjugaux que l'article mentionne, mais que l'interview n'aborde pas, et résumez-les en quelques mots.

a. _____

_____

b. _____

_____

Irène Pennacchioni : *"Le lieu du crime c'est l'intimité du couple..."*

(Photo Castiès)

« Le couple est plus proche d'une secte de fanatiques que d'une assemblée bénévole de joueurs de pétanque ». Irène Pennacchioni s'est lancée dans une étude sociologique de l'intimité conjugale. En appliquant les fameuses règles développées dans son « Traité de la guerre » par Carl von Clausewitz à la structure du couple. Ses conclusions, exprimées dans un livre plein d'humour et de clairvoyance, « La Guerre conjugale », ne donnent pas trop envie de s'aventurer dans un lieu ainsi miné de bombes à retardement.

« J'ai voulu explorer l'intimité conjugale. C'est, en fait, un territoire immense, lieu d'un contrat à la fois juridique, économique, politique (en raison du rapport des forces en présence), érotique, métaphysique, etc. C'est aussi une vaste salle d'attente où l'on espère tout de l'autre ». Dans ce cas, comment ne pas être déçu ?

Selon Irène Pennacchioni, qui nous a confié ses sentiments lors d'un passage à Nice, car elle partage son temps entre Paris et La Colle-sur-Loup, où est installée sa belle-famille, « le lieu du crime, c'est bien l'intimité conjugale. C'est la porte de Barbe Bleue. Le couloir de métro, lance-t-elle, est statistiquement bien moins dangereux que la maison. Car plus le lien est fort, plus la haine est forte... »

Le couple se prête, dans sa structure même, à une escalade qui mène au drame. « Chacun devient la caricature de lui-même en appuyant sur la pédale de son caractère. On perd alors la face comme dans les duels et on aboutit à une chose pitoyable, sans honneur, par le jeu de l'interaction des caractères ».

Dans « La Guerre conjugale », Irène Pennac-chioni étudie une série de problèmes qui accompagnent la vie de couple. Le repas du soir, censé être un moment de détente et durant lequel on s'affronte parce qu'on s'effondre... de fatigue. Les vacances, période de crise s'il en est. « Les goûts parfois divergent, mais surtout il faut organiser le temps et c'est là que les caractères se heurtent ». Guère plus optimiste concernant la position de la femme qui « passe pour une mégère lorsqu'elle demande le partage des tâches ménagères ».

Irène Pennacchioni estime qu'on vit actuellement dans un « no man's land », dans une espèce de territoire vague que ne régit plus la complémentarité des sexes.

« A présent, la femme travaille et elle dispose des atouts intellectuels pour juger l'homme, ce qu'il supporte très mal. Elle a le droit aussi d'être névrotique. Elle ne sert plus seulement à panser les plaies et à aider l'autre à surmonter ses propres difficultés.

Bref, la vie en commun ne peut se fonder, selon l'auteur de « La Guerre conjugale », que sur « les distances grisantes du sexe » ou sur « la promiscuité rassurante de la fraternité ». L'un comme l'autre choix s'accompagne de frustrations. Conclusion de l'auteur : « Tous les appelés conjugaux sont des engagés résolus ». Car l'idée de séparation existe déjà dans la phase de séduction. Dès lors, comment pratiquer sans réserve le don de soi ?

« Nous vivons une époque de régression, de barbarie. Vidées de leur sens, les anciennes règles, les anciennes contraintes, sont devenues grotesques. Les gens vivent frileusement repliés sur leurs propres problèmes. L'époque a, en effet, des exigences inouïes : on doit être beau, en forme, informé, cultivé... C'est la quête de soi et l'autre en fait partie. »

Comment, dans ce tableau clinique de la vie conjugale, parvenir à continuer le combat sans trop de blessures ? « Seule la diplomatie peut faire des miracles. Et avant tout, accepter l'autre tel qu'il est », nous dit l'auteur.

Nicole LAFFONT.

(1) Editions Mazarine, Paris.

J. Réécoutez au besoin l'interview et dites quelles sont, selon la locutrice, les causes:

1. des conflits conjugaux pendant la semaine et durant les week-ends:

_____

_____

_____

2. de la gravité des conflits conjugaux (jusqu'où peuvent-ils aller?):

_____

_____

_____

Puis préparez-vous à discuter en classe les opinions de la locutrice. Son analyse des causes des conflits vous paraît-elle juste? Selon vous, quels autres facteurs entrent en jeu? Vous semble-t-il, à vous, que la tension à l'intérieur du couple puisse aller jusqu'au crime?...

III. Pratique de la langue

A. Structure du discours

Pour exposer une opinion personnelle, la locutrice l'oppose à l'opinion de la majorité des gens. Elle utilise les structures suivantes:

Pour introduire l'opinion de la majorité	*Pour introduire son opinion personnelle*
a. on croit en général que…	moi, je trouve en réalité que…
b. généralement on croit que…	moi, je pense que…
c. tout voudrait nous faire croire que…	en réalité…

En utilisant ces structures, présentez oralement à la classe cinq opinions auxquelles vous tenez en opposant chacune à l'opinion courante. Pensez, par exemple, aux opinions que vous pourriez avoir sur les chômeurs, le système scolaire dans votre pays, les étudiants, les accidents de la route, les Français, l'énergie nucléaire…

Modèle **On croit en général que l'égalité entre les hommes et les femmes va résoudre tous les problèmes. En réalité, la disparition des différences crée de nouveaux conflits dans le couple.**

B. **Vocabulaire**

1. **Les tâches domestiques**

   a. Voici le début d'une liste de mots utiles pour parler des travaux du ménage. Complétez cette liste en ajoutant d'autres tâches que vous faites ou que votre mari / femme, vos parents, votre copain / copine font.

faire la chambre	*tondre la pelouse*
faire les lits	*étendre le linge*
ranger, mettre de l'ordre	*nettoyer les vitres*
débarrasser la table	*changer les plombs*
déboucher l'évier	*meubler, décorer la maison*
arroser les plantes	*recoudre les boutons*
changer le bébé	*payer les notes d'électricité*
donner le biberon au bébé	*assister aux réunions de parents d'élèves*
coucher les enfants	
conduire les enfants à l'école, aller les chercher à la sortie de l'école	

   _____   _____

   _____   _____

   _____   _____

   _____   _____

   _____   _____

b. **Exercice.** Vous êtes une femme qui travaille. Vous rentrez tard le soir. Dites à votre mari de vous aider dans la maison. Utilisez des impératifs.

Modèle **Sors la poubelle, s'il te plaît.**

2. **Les activités de loisir.** Est-ce que vous «profitez de la vie»? Quel est votre emploi du temps libre? Pour le savoir, cochez dans la liste suivante les activités de loisir auxquelles vous vous êtes livré(e) au moins une fois au cours du mois dernier.

☐ regarder la télé; écouter la radio
☐ pratiquer un sport
☐ jouer au ping-pong; à des jeux de société; aux boules
☐ faire une «balade»; se promener
☐ camper; aller en excursion; faire un voyage
☐ visiter un zoo
☐ bricoler; ou autres activités manuelles: tricot, couture
☐ chasser ou pêcher
☐ jouer d'un instrument de musique; chanter dans une chorale; dessiner; peindre; écrire
☐ aller au cinéma
☐ assister à un concert de musique classique, ou à un opéra
☐ assister à un concert de musique rock, jazz ou pop
☐ voir une exposition de peinture
☐ visiter des monuments historiques ou un musée
☐ jardiner, faire du jardinage
☐ emprunter un livre à la bibliothèque et lire
☐ sortir avec des amis ou un(e) petit(e) ami(e)
☐ aller au bal public ou en disco
☐ aller aux courses de chevaux
☐ visiter un brocanteur ou un antiquaire
☐ rester au lit, faire la grasse matinée, s'ennuyer, ne rien faire
☐ suivre des cours, faire un stage
☐ s'occuper d'associations, faire du bénévolat

a. Y a-t-il des activités que vous avez faites et qui ne sont pas dans la liste? Si oui, ajoutez-les.

_____

_____

_____

b. Vos préférences. Quelle activité préférez-vous faire pour vous «défouler» ou vous détendre?

a. seul(e) _____

b. avec quelqu'un _____

Maintenant, comparez vos réponses en utilisant le passé composé et les structures **moi aussi / moi non plus; toi aussi / toi non plus; moi non / toi non; moi si / toi si** comme dans les exemples qui suivent:

Modèle   **Tu as fait du sport. Moi aussi.**
Je n'ai pas jardiné. Toi non plus.
Tu as chassé. Moi non.
Je n'ai pas vu d'exposition. Toi si.

IV. Sensibilisation culturelle

A. **Conversation conjugale**

1. Avant de lire la «conversation conjugale» reproduite ci-dessous, regardez les indications scéniques et le mode de désignation des personnages et répondez.

    a. Quand et où se situe la scène? _____

    b. La présence d'une boîte à outils vous permet de prévoir que les personnages sont en train de:

    recoudre des boutons   ☐

    réparer des appareils   ☐

    nettoyer le tapis   ☐

    c. Les personnages sont désignés par les pronoms **Lui** et **Elle.** Il s'agit

    donc d'une conversation entre qui? _____

2. Lisez rapidement la «conversation» en vous aidant de la définition des mots donnée sous le texte.

    a. A quelle activité se livre la femme? _____

b. A quel moment l'homme se met-il à participer à cette activité?

(Donnez la réplique.) _____

_____

Un dimanche matin, sur le tapis du salon, une boîte à outils, ouverte.

LUI: Au fond*, ce que je supporte* le plus mal, c'est une femme qui bricole. *(Elle a un sursaut*, il la coupe.)* Je sais ce que tu vas me dire. Que je suis le contraire des hommes de ma génération, c'est bien possible, et je ne m'en plains pas. Des types mous et maladroits qui s'extasient devant* une femme qui sait réparer une prise de courant. *(Elle le regarde, une lampe à la main.)* Je sais ce que tu penses. Eh bien, pas du tout. Pas le moins du monde. Je te laisse souvent conduire la voiture et tu sais, par expérience, que je ne refuse jamais de faire la vaisselle. Mais.

ELLE: Passe-moi un tournevis. *(Il le lui tend.)*

ELLE: Par le manche*, s'il te plaît! Tu aurais pu me blesser.

LUI: Non, ce qui me gêne*, c'est le renversement* du stéréotype. La femme fragile, d'accord. Encore que*. J'aime autant ça que tes copines, les sportives.

ELLE: Mes copines? Quelles copines?

LUI: Les deux, là, avec qui tu dînais l'autre jour chez Paul.

ELLE: Ah, les deux! Mais ce ne sont pas mes copines. Et elles sont très jolies, surtout la blonde.

LUI: Je ne dis pas, mais elles m'ont paru musclées. Et puis non, je retire ce que j'ai dit*, j'aime les beaux muscles chez une femme, un dos bien bronzé, des deltoïdes* dorés. *(Un temps.)*

ELLE: Mais le bricolage, ça t'agace*.

LUI: Ah oui, c'est de ça qu'on parlait. Parce que vous, les femmes, vous manquez totalement de douceur quand vous bricolez. Regarde un type dont c'est le métier, un plombier, un électricien: quelle douceur dans les gestes! Quelle précision, quelle délicatesse. Toi, c'est, et boum, et bang! Des coups, des chocs brutaux, des jurons*! Une certaine idée de l'homme, totalement fausse, que vous vous croyez obligées d'imiter.

ELLE: *(Sidérée*, le tournevis en l'air.)* Moi, je jure quand je bricole?

LUI: Oui.

ELLE: Aide-moi, tiens ça. Tiens-le! *(Il lâche.)* Oh, ce que tu peux être manche*.

LUI: Bon Dieu de bon Dieu de merde, mais je me suis fichu une châtaigne*!

ELLE: Evidemment, il fallait faire attention, je ne vais pas couper le courant* pour ça. Oh, tu es tout pâle.

LUI: Tu parles. Ça m'a donné une secousse*, dis donc c'est tout sauf agréable ce truc-là, ça pourrait tuer le bonhomme!

ELLE: Oh, tuer!

LUI: J'ai encore le bras tout raide. *(Il se frictionne*.)*

ELLE: Je ne vais pas aller et venir, ou alors fais-le, toi. *(Docilement, tout en se frictionnant le bras, il y va.)*

ELLE: Coupe! Non, remets-le! Remets-le! Oh là, là, c'est long!

LUI: *(Off, de loin.)* Je n'y vois rien! *(La lumière revient.)*

ELLE: Oh, mais elle est fichue cette prise, tu vas aller m'en chercher une, mon chéri, sois gentil, hein?

LUI: On ira demain.

ELLE: Non maintenant, s'il te plaît! Qu'on en finisse.

LUI: *(Enfilant* son manteau.)* Bon, j'y vais.

ELLE: Prends le modèle!

LUI: *(Déjà dehors.)* Oh, elles sont toutes pareilles!

ELLE: *(Seule.)* Pas du tout. *(Un temps.)* Oh! Eh bien tu retourneras si ça ne va pas.

Danièle Sallenave: *Conversations conjugales*, P.O.L. Editeur.

au fond: en fait

supporte: admet, tolère

un sursaut: du verbe *sursauter:* faire un mouvement brusque et involontaire

s'extasier devant: s'enthousiasmer pour

manche: partie d'un couteau ou d'un outil par laquelle on le tient

gêne: dérange

renversement: changement pour l'ordre inverse

encore que: quoique, bien que

je retire ce que j'ai dit: je change d'avis, je me corrige

deltoïdes: muscles de l'épaule

ça t'agace: ça t'irrite, ça te rend impatient

jurons: du verbe **jurer,** dire des mots grossiers contre la religion

sidérée: très, très surprise

manche: maladroit

fichu une châtaigne: (familier) électrocuté

couper le courant: arrêter l'électricité au compteur

secousse: choc

se frictionne: se fait un massage

enfilant: mettant

3. Relisez les répliques de l'homme jusqu'à **que vous vous croyez obligées d'imiter.**

   a. Comment l'homme qualifie-t-il... (Relevez des adjectifs ou des expressions du texte.)

Les hommes de sa génération	La femme d'autrefois	Les femmes modernes (les 2 «copines»)	Les bricoleuses
_____	_____	_____	_____
_____	_____	_____	_____
_____	_____	_____	_____

   b. Quel(s) type(s) de femme condamne-t-il?

   _____

   _____

c. A propos de quel(s) type(s) de femme exprime-t-il des jugements contradictoires?

_____

4. Etudiez le comique de la scène:

a. dans la maladresse des personnages. Quel(s) geste(s) ou activité(s) des personnages prouvent qu'ils sont maladroits ou peu compétents?

La femme / l'homme (Précisez ce qu'il / elle fait de maladroit.)

_____

_____

b. dans le renversement des rôles de l'homme et de la femme. Dans

l'ensemble de la scène qui commande? _____

Et qui obéit? _____

La personne qui commande donne cinq ordres. Lesquels?

Il / Elle ordonne de _____

_____

_____

5. Etudiez la langue.

a. La scène comprend des inversions qui appartiennent à la langue orale. Réécrivez les phrases suivantes en code écrit.

Modèle   _Ce que je supporte mal, c'est une femme qui bricole._
Je supporte mal une femme qui bricole.

—Ce qui me gêne, c'est le renversement du stéréotype.

_____

—Le bricolage, ça t'agace.

_____

b. Il y a aussi des pronoms peu explicites. Dites à quoi réfère... (Suivez le modèle.)

Modèle   Le pronom _ça_ dans _J'aime autant **ça** que tes copines_ signifie: **la femme fragile.**

Le pronom _le_ dans _Je ne vais pas aller et venir, ou alors fais-**le**, toi._

_____

Le pronom _le_ dans _Non, remets-**le**! Remets-**le**!_

_____

Le pronom _elles_ dans _Oh, **elles** sont toutes pareilles._

_____

Le pronom _ça_ dans _Eh bien, tu retourneras si **ça** ne va pas._

_____

6. Etudiez les personnages.

Pour chaque adjectif de la liste ci-après, dites s'il vous semble qualifier le mieux l'homme (**Lui**), la femme (**Elle**), les deux (**Lui / Elle**) ou aucun des personnages **(0).** Justifiez votre réponse dans la colonne de droite en vous référant au texte.

	Personnage	*Justification*
indécis(e)	_____	_____
autoritaire	_____	_____
bavard(e)	_____	_____
pratique	_____	_____
adroit(e)	_____	_____
docile	_____	_____
actif (-ve)	_____	_____
affectueux (-se)	_____	_____

7. Voici un résumé de la scène que vous venez de lire. Il y a des erreurs dans le texte et certaines affirmations sont fausses. Corrigez-les et recopiez une version correcte des faits.

Un homme et une femme se trouvent chez eux. L'homme se plaint de la brutalité des hommes de sa génération. La femme bricole et lui demande un tournevis qu'il lui tend par le manche. L'homme prétend d'abord préférer les femmes modernes et sportives, puis il se reprend et dit aimer mieux la femme traditionnelle. Il critique les bricoleuses, parce qu'elles imitent, selon lui, une violence masculine qui n'existe pas. Il accuse aussi les bricoleuses de jurer. La femme avoue qu'il lui arrive de jurer quand elle bricole.

Elle se fait électrocuter en réparant une prise de courant et se met en effet à jurer. Elle demande alors à l'homme d'aller couper le courant, mais elle se contredit et lui demande aussitôt de le remettre. A la fin de la scène, l'homme refuse d'aller acheter une prise de courant neuve parce que c'est dimanche et que les magasins sont fermés.

_____

_____

_____

_____

_____

_____

_____

_____

_____

_____

_____

_____

_____

_____

_____

_____

8. Préparez-vous à discuter oralement en classe la relation entre l'homme et la femme, telle qu'elle est présentée dans le texte. Connaissez-vous autour de vous des couples où la femme joue le rôle de l'homme? Si oui, comment réagit l'homme? Cela mène-t-il à des conflits? Quels conflits?

V. Production libre

A. **Orale**

1. **Jeu de rôles à partir de la conversation conjugale de Danièle Sallenave** (voir **Sensibilisation culturelle**). Relisez attentivement la conversation, puis essayez de la jouer devant la classe ou avec votre voisin(e). Ne mémorisez pas le texte, mais analysez bien la situation, par exemple les opinions de l'homme, les gestes des personnages, les ordres de la femme, les mouvements de scène de l'homme...

   En jouant la scène vous pouvez restituer certaines structures du texte, mais aussi utiliser vos propres mots, ou prendre des éléments dramatiques de la scène, mais aussi en ajouter ou en retrancher. N'hésitez donc pas à improviser. Vous pouvez aussi inventer une suite à cette conversation et la jouer devant la classe.

2. **Inventez une scène de psychodrame.** C'est l'heure du repas du soir. La scène se passe dans la cuisine. Une femme rentre du travail, fatiguée. Les enfants n'ont pas encore mangé et s'amusent. Un homme entre à son tour. La femme lui reproche de ne pas l'aider dans les tâches ménagères, d'être un raté... L'homme se défend: il a fait telle chose à la maison. La femme lui donne des ordres. L'homme ne fait pas ce qu'elle lui dit. Ils se disputent, les enfants crient... Imaginez le dialogue. Jouez la scène. Inspirez-vous au besoin de la conversation conjugale de Danièle Sallenave (voir **Sensibilisation culturelle**).

3. **Débat sur les relations entre hommes et femmes.** Réfléchissez aux questions suivantes et, en groupes de trois ou quatre, discutez-en en classe. Une personne dans chaque groupe prend des notes sur les opinions de son groupe et fait ensuite un rapport à toute la classe sur les idées exprimées au cours de la discussion.

   a. Les tâches ménagères

   Comment vous répartissez-vous les tâches ménagères chez vous? Ou comment vos parents se répartissent-ils entre eux les travaux domestiques? Précisez bien qui fait la cuisine, la vaisselle..., qui conduit les enfants à l'école...? (Au besoin servez-vous de la section **Pratique de la langue** B. Vocabulaire, 1.)

   Est-ce que l'attribution des tâches ménagères est source de conflits dans votre intimité conjugale ou familiale? Si non, comment expliquez-vous que l'harmonie règne dans votre couple ou entre vos parents? Si oui, ces conflits sont-ils graves? S'agit-il d'insultes, de bagarres...?

Etes-vous pour ou contre le partage des travaux du ménage entre l'homme et la femme? Justifiez votre réponse.

b. Les goûts

Selon vous, pour que l'entente règne à l'intérieur du couple, faut-il que l'homme et la femme partagent les mêmes goûts? Quelles solutions voyez-vous pour résoudre les problèmes qui viennent des différences de goûts? Faut-il que l'un des deux se sacrifie et fasse ce qu'a envie de faire l'autre? Ou bien vaut-il mieux que chacun développe séparément ses propres intérêts?

c. La galanterie

Vous êtes une femme: Est-ce que vous appréciez lorsqu'un homme ouvre pour vous la portière d'une auto ou vous laisse passer devant dans une porte, ou bien ces gestes de galanterie vous semblent-ils ridicules?

Vous êtes un homme: Avez-vous des gestes de galanterie à l'égard des femmes? Si oui, lesquels? (Donnez des exemples concrets.) Si non, pour quelles raisons n'êtes-vous pas galant?

d. Le rôle de l'homme et le rôle de la femme

Pouvez-vous décrire le rôle actuel de la femme dans votre société? Est-ce avant tout celui de «mère»? Et celui de l'homme, quel est-il?

Les rôles de l'homme et de la femme vous semblent-ils bien définis à l'heure actuelle? Ou vivons-nous une époque où l'homme aussi bien que la femme ne savent plus quel comportement adopter ou à quel comportement s'attendre de la part de l'autre sexe?

4. **Emission de radio sur le crime passionnel.** Préparez une émission de radio de dix minutes sur les conflits à l'intérieur du couple. Prenez des notes détaillées, mais n'écrivez pas de texte. Présentez d'abord le point de vue de la sociologue de l'interview. Puis illustrez l'affirmation que le couple est le lieu du crime en rapportant des cas de crimes passionnels que vous aurez trouvés et lus dans la presse française ou américaine. Enfin, enregistrez votre émission au laboratoire.

B. **Production écrite**

Rédaction d'une «conversation conjugale». Relisez la «conversation conjugale» de Danièle Sallenave (voir **Sensibilisation culturelle**) et écrivez une autre conversation qui fasse suite à celle de Danièle Sallenave. La scène se passe dans le même lieu (le salon) et entre les mêmes personnages (**Lui** et **Elle**), au moment où l'homme rentre à la maison après l'achat de la prise de courant. Vous pouvez vous inspirer du début suivant:

Le même salon. Quatre ou cinq heures plus tard. La femme attend. L'homme rentre.

ELLE: (*impatiente*)   C'est à cette heure-ci que tu rentres. Quatre heures pour acheter une prise! Tu en as trouvé une au moins?

LUI: _____

_____

10

Ça sert à quoi un Minitel?

I. Préparation à l'écoute

teletel

Un nouveau moyen de communication.

Trois partenaires constituent la chaîne de communication Télétel : l'utilisateur (avec son Minitel), le fournisseur de services (avec son centre serveur) et les PTT qui par le réseau des Télécommunications, les mettent en relation.

L'utilisateur peut accéder de deux façons au centre serveur :

• Directement, en utilisant de bout en bout le réseau téléphonique national. La communication est alors taxée aux conditions tarifaires habituelles.

• En passant par le réseau Transpac : dans ce cas, l'appel transite par un Point d'Accès Télétel qui l'oriente ensuite vers le centre serveur. La communication est alors taxée soit à l'utilisateur, soit au serveur (au choix de ce dernier) indépendamment de la distance.

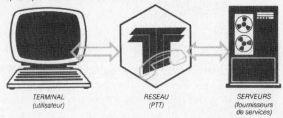

TERMINAL
(utilisateur)

RESEAU
(PTT)

SERVEURS
(fournisseurs
de services)

Minitel : un terminal facile à utiliser.

Compact et léger, le Minitel se branche simplement sur une prise téléphonique et sur le secteur. Avec le clavier de commande en français (type AZERTY), vous consultez le service que vous désirez. Les informations que vous souhaitez recevoir ou transmettre s'inscrivent sur l'écran. Chacun peut s'en servir sans connaissances spéciales.

Les Télécommunications proposent deux versions du Minitel disponibles auprès de leur réseau commercial :

Le Minitel 1

Le Minitel 10

Construit pour une grande diffusion, il constitue la version de base destinée à être distribuée en remplacement de l'annuaire papier.

Couplé avec un poste téléphonique, il a été conçu pour communiquer encore plus facilement avec vos correspondants téléphoniques et les services Télétel : il garde 20 numéros en mémoire, rappelle automatiquement le dernier numéro composé, dispose d'une écoute amplifiée.

Les constructeurs commercialisent directement une gamme de terminaux agréés par les Télécommunications.

A. Avant d'écouter l'interview dans laquelle une personne va parler du Minitel, informez-vous sur cet appareil en regardant les documents ci-dessus et répondez oralement ou par écrit.

1. Lisez d'abord les titres et donnez la définition du mot **Minitel.**

   _____

   _____

2. D'après le 1er paragraphe et le schéma de la section **Un nouveau moyen de communication,** le Minitel
   a. met l'utilisateur en communication avec quoi? _____

      _____

   b. grâce au réseau de communication installé par quel organisme?

      _____

   c. Il s'agit de quel organisme?

      _____

3. D'après le 1er paragraphe de la section **Minitel: un terminal facile à utiliser,** pour consulter un centre serveur et obtenir des informations, il faut taper des commandes sur quoi?

   _____

   Les informations s'inscrivent où?

   _____

   Le Minitel se branche sur quoi?

   _____

4. D'après le 3e paragraphe de la même section, le Minitel est destiné à remplacer quoi?

   _____

   Assurez-vous que vous comprenez bien les mots que vous avez relevés—vous en aurez besoin dans la section **Compréhension.** S'il le faut, consultez votre dictionnaire, votre professeur ou votre voisin(e).

5. D'après la photo **Le Minitel**$_1$, quels sont les deux appareils que l'utilisateur de Télétel a devant lui, sur son bureau, quand il appelle un service?
   a. _____   b. _____

B. Regardez les publicités des centres serveurs, reproduites à la page suivante.

   1. Pour expliquer quels renseignements on peut obtenir à partir du Minitel, faites correspondre, à l'aide de flèches, le serveur de la colonne de gauche au service qu'il fournit dans la colonne de droite.

Serveur	_Service fourni_
S.N.C.F.	renseignements aux clients sur les articles disponibles et commandes
Crédit Lyonnais	renseignements aux voyageurs sur les horaires de trains
La Redoute	renseignements aux particuliers sur l'état de leur compte

   2. Quel serveur est une banque? _____

   3. Quel serveur est un grand magasin? _____

   4. Quel serveur est la compagnie de trains? _____

C. **Prédictions**

Dans l'interview de la section **Compréhension,** l'interviewer va obtenir des renseignements à propos du Minitel. Essayez de prévoir au moins trois questions qu'elle va poser.

_____

_____

_____

II. Compréhension

A. Ecoutez l'interview une seule fois en entier.

Le locuteur… (Cochez la / les réponse(s) juste(s).)

☐ décrit les différents éléments dont se compose un Minitel

☐ explique quelle compagnie fabrique le Minitel

☐ mentionne la possibilité de pannes chez l'appareil

☐ explique le fonctionnement du Minitel

☐ donne les tarifs d'utilisation du Minitel

☐ dit à quoi lui sert personnellement l'appareil

☐ donne son opinion personnelle sur les avantages du Minitel

☐ explique comment on répare l'appareil

☐ énumère les services que rend l'appareil

B. Ecoutez du début jusqu'à «**…en tout genre.**»

1. D'après l'introduction de l'interviewer, l'interview a été réalisée

   ☐ dans un magasin où on vend des Minitels

   ☐ dans le bureau de l'interviewé qui utilise un Minitel

   ☐ chez un fabricant de Minitels qui cherche à promouvoir ses produits

2. Selon le locuteur, le Minitel est fabriqué et utilisé dans un seul pays.

   Lequel? _____

3. Le locuteur compare le Minitel à un ordinateur. A l'aide de flèches, indiquez sur la photo ci-dessous les deux éléments qui font partie à la fois du Minitel et de l'ordinateur.

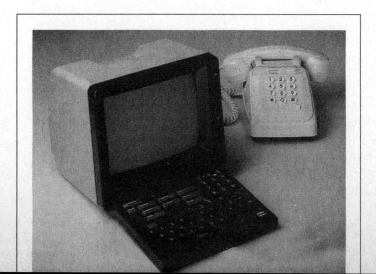

4. Complétez le schéma ci-dessous

   a. en indiquant dans les cases où se trouve l'ordinateur et où se trouve le Minitel

   b. en barrant sur les flèches le verbe inutile (fournir ou demander)

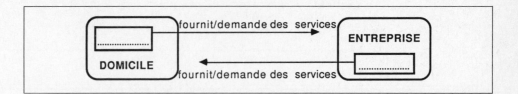

C. Ecoutez la suite jusqu'à «**...dont on a besoin.**»

1. Sur le document de la section B, indiquez aussi les touches.

2. Dans le contexte de l'interview, les verbes suivants signifient:

   composer   ☐   créer une œuvre

                        ☐   négocier avec quelqu'un

                        ☐   appeler au téléphone

   appuyer   ☐   aider une personne

                        ☐   presser un bouton

                        ☐   accentuer un mot

   taper   ☐   donner des petits coups dans l'appareil

                        ☐   écrire au moyen du clavier

                        ☐   frapper sur l'écran

3. Utilisez les mots ci-dessus pour répondre aux questions suivantes sur le fonctionnement du Minitel. Répondez en vous aidant au besoin des documents suivants.

Page d'accueil Télétel

a. Pour se servir du Minitel, quelle opération faut-il faire d'abord?

Il faut _____

_____

Qu'est-ce qu'on entend?

_____

Page d'accueil d'un service

b. Quelle opération faut-il faire ensuite pour se brancher sur les centres serveurs?

Il faut _____

sur _____

Page-écran
d'informations

c. Enfin, qu'est-ce qu'il faut lire?

Il faut _____

_____

Et qu'est-ce qu'il faut faire pour obtenir

des renseignements? _____

_____

D. Ecoutez la suite jusqu'à «**...de tous les téléphones en France.**»

1. Répondez.

Qui a développé le Minitel? _____

Pour quoi faire? _____

2. Le locuteur décrit les différents annuaires en usage. Transcrivez les deux autres expressions temporelles qu'il utilise pour introduire chaque type d'annuaire:

dans le passé   *dans le temps*

dans le présent   _____

dans l'avenir   _____

Maintenant, complétez le tableau suivant:

	Au passé	*Au présent*	*A l'avenir*
forme de l'annuaire	_____	_____	_____
zone géographique	_____	_____	_____

E. Ecoutez la suite jusqu'à «**...va s'en servir.**»

1. Trouvez dans ce passage un mot qui signifie *impression, reproduction sur papier* _____

2. Dans le contexte de l'interview les mots suivants signifient:

rentabiliser   ☐ coûter cher

☐ être avantageux du point de vue financier

☐ faire des dettes

économie   ☐ épargne, réduction des dépenses

☐ gestion des P.T.T.

☐ production et consommation en France

3. D'après le locuteur, le Minitel présente des avantages. Dites lesquels en répondant aux questions.

a. Le Minitel permet d'économiser quoi? _____

b. et d'éviter de détruire quoi? _____

c. Il permet aussi de développer quoi? _____

F. Ecoutez la suite jusqu'à «...**de ce genre de Minitel.**»

1. Ecoutez tout le passage.

Le locuteur divise les renseignements que fournit le Minitel en trois classes. Il introduit la 2ᵉ classe de services par les mots **il y a un deuxième type de service.**

Par quels mots introduit-il la troisième classe?

_____

2. Réécoutez le passage dans lequel le locuteur parle de la 2ᵉ classe de services.

Complétez la définition qu'il donne des messageries:

«... c'est-à-dire des endroits où on peut _____

_____ ...»

3. Réécoutez le passage dans lequel le locuteur parle de la 3ᵉ classe de services.

a. Dans le contexte de ce passage, les mots suivants signifient:

horaire	☐ emploi du temps des employés de la SNCF
	☐ durée d'une heure de temps
	☐ relevé des heures de départ et d'arrivée des trains

réservation	☐ le fait de retenir une place dans un train
	☐ le fait d'avoir des doutes sur une opinion
	☐ le fait de demander l'heure d'un train

données	☐ les centres serveurs
	☐ les renseignements
	☐ les services gratuits

notariat	☐ profession bancaire
	☐ profession juridique (celle du notaire)
	☐ structure professionnelle

abonnement	☐ amélioration
	☐ avantage
	☐ souscription

payant	☐ qu'on doit payer
	☐ qui coûte cher
	☐ qui paie

4. Complétez le tableau suivant pour résumer les renseignements (autres que l'annuaire) que peut fournir le Minitel. Utilisez les mots que vous avez travaillés dans la question F.3.

a. Quel est le service le plus rentable pour le centre serveur? _____

b. Quel service coûte cher à l'utilisateur? _____

c. Pourquoi ce service est-il cher? _____

Genre de service	Centre serveur	Service fourni à l'utilisateur
services du domaine du _____	a. _____	pour savoir l'état _____
	b. _____	pour commander _____
	c. S.N.C.F.	pour _____ et pour _____
services basés sur _____ comme les _____		pour communiquer _____
services _____,	c'est-à-dire par exemple des _____ sur _____	pour obtenir des renseignements sur des affaires juridiques

G. Réécoutez toute l'interview.

1. L'explication du fonctionnement du Minitel donnée dans cette interview vous semble-t-elle claire? Quelles autres questions aimeriez-vous poser pour demander des précisions? (Trouvez au moins deux autres questions.)

_____

_____

_____

_____

_____

_____

2. Maintenant, préparez-vous à expliquer oralement en classe comment fonctionne le Minitel et à quelles informations l'appareil donne accès.

III. Pratique de la langue

Vocabulaire: Comment utiliser des appareils?

1. **Le mixer Braun.** Lisez les instructions de la page suivante sur la préparation de la mayonnaise. Soulignez les mots (surtout les verbes) que vous ne connaissez pas. Pour en savoir le sens, consultez votre voisin(e), votre professeur ou le dictionnaire.

Maintenant, sans regarder les instructions, pouvez-vous expliquer oralement comment faire une mayonnaise en utilisant le mixer Braun? Employez la structure **Il faut verser dans un bol...**

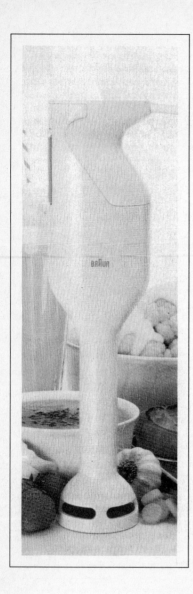

Mayonnaise

Ingrédients
1 oeuf (entier)
1 cuillérée de vinaigre
(ou de jus de citron)
¼ litre d'huile (d'arachide de
préférence) sel, poivre

Préparation
Dans l'un des bols du Braun Minipimer, verser dans l'ordre l'oeuf,
l'huile, le vinaigre (ou le jus de
citron) et le sel.
Plonger le Braun Minipimer
jusqu'au fond. Brancher l'appareil
et le maintenir sans remuer jusqu'à
la liaison complète de l'huile.
Sans l'arrêter, relever l'appareil
lentement jusqu'à niveau de la préparation en évitant de faire sortir le
couteau. Puis le replonger rapidement une ou deux fois. La mayonnaise est prête.

2. **Et le Minitel?**

Avez-vous bien compris comment appeler un service Télétel à partir du Minitel? Vérifiez-le en lisant la brochure de la page 149 et en répondant aux questions suivantes. (Utilisez les mots du texte.)

a. A quoi sert l'interrupteur marche-arrêt? (Dites deux choses.) Il sert à

_____ et à _____

b. Quel est le contraire du verbe **décrocher** le téléphone?

_____

c. Comment appelle-t-on le service à partir du téléphone?

_____

d. Trois touches sont mentionnées. Lesquelles?

_____   _____   _____

e. Si les informations n'apparaissent pas sur l'écran, que faut-il faire?

Il faut _____

Comment appeler un service Télétel

Votre Minitel branché sur votre ligne téléphonique vous permet, sur simple appel, l'accès à de multiples services Télétel.

Mettez le Minitel sous tension à l'aide de l'interrupteur marche-arrêt;
la lettre F s'affiche peu après en haut à droite.

Décrochez le combiné téléphonique.

Composez le numéro d'appel du service Télétel à partir de votre poste téléphonique.

Dès l'audition de la tonalité aiguë, appuyez sur la touche

la lettre C apparaît à la place de la lettre F.

Raccrochez le téléphone.

Les premières informations apparaissent après quelques instants.

Suivez les instructions de l'écran : toutes les informations nécessaires à votre consultation ont été prévues.
Si la première page n'apparaît pas, renouvelez l'appel.

Vous pouvez régler à votre convenance le niveau de luminosité de l'écran.

Pour obtenir la réponse après avoir tapé une information, n'oubliez pas d'appuyer sur la touche ENVOI

Pour mettre fin à la consultation, appuyez sur la touche CONNEXION FIN

N'oubliez pas d'éteindre le Minitel après chaque utilisation en appuyant sur l'interrupteur marche-arrêt.

En cas de panne composez le 13 (appel gratuit).

---

f. Si la luminosité de l'écran est trop forte ou trop faible, que peut-on faire?

On peut la _____

g. Pour obtenir la réponse, que faut-il faire?

Il faut _____ et il faut

_____ .

Maintenant, oralement, sans regarder la brochure, expliquez à votre voisin(e) quels appareils il faut pour obtenir des informations Télétel et comment appeler un service Télétel. Employez le pronom indéfini **on** et la 3ᵉ personne au présent.

Modèle   **On compose le numéro du service.**

3. **Les accessoires à brancher sur le Minitel.** Lisez rapidement l'article suivant et relevez le nom des cinq gadgets que l'on peut brancher sur un Minitel. Faites-en la liste et dites à quoi ils servent.

Gadget   *Pour faire...*

a. **une imprimante**   a. pour _____

_____

_____

_____

b. _____   _____

_____

_____

_____

c. _____   _____

_____

_____

d. _____   _____

_____

_____

e. _____   _____

_____

_____

_____

La valse des accessoires

Votre Minitel vous semble nu ? Habillez-le de gadgets électroniques qui multiplieront ses possibilités. Commençons le lifting par une petite imprimante. Elle recopiera votre horoscope, vos dialogues les plus touchants, vos pages de Bourse ou vos relevés bancaires. Parmi les moins chères, l'Epson P 40 à 1 400 francs, qui imprime l'écran sur papier thermique...

Continuons en lui donnant un peu de mémoire : le plus simple est de brancher un magnétophone sur votre Minitel. En achetant un cordon interface spécial, vous pourrez enregistrer et reproduire les pages d'écran. Le moins cher est le LC à 228 francs. Le plus cher est le STAC Informatique à 1 800 francs. Vous pouvez aussi relier votre mini-ordinateur à votre Minitel. Vous bénéficierez ainsi de toutes les facilités d'utilisation offertes par les disquettes, les disques durs, les souris... Pour 3 750 francs, la marque Kortex vous permet de marier votre Minitel à votre IBM PC...

Et puis, de plus en plus sophistiqué, nous pourrons aussi connecter un robot télématique qui transforme le Minitel en télex. En effet, cet appareil enregistre et imprime automatiquement tous les messages qu'on vous envoie à n'importe quelle heure (robot télématique TVF Autovex : 2 300 francs).

Enfin, si vous voulez empêcher vos enfants ou vos employés de « fatiguer » votre appareil et de vous ruiner en notes de téléphone, la firme Maya propose pour 1 500 francs une carte électronique qui limite pour une période déterminée l'accès à certains serveurs...

B. W.

IV. Sensibilisation culturelle

Articles du *Nouvel Observateur*

Texte 1   *Texte 2*   *Texte 3*

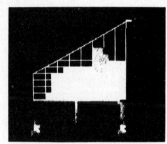

Caddies à domicile

Une corvée, les courses ?
Vous me faites rire.
Il me suffit de pianoter

Fini les longues queues au supermarché qui confisquent l'après-midi du samedi, les lourds paniers à bout de bras, le cauchemar des cartons d'eau minérale. Grâce au Mini-tel, nourrir sa famille est devenu un jeu d'enfant en région parisienne. Les branchés (publicitaires, journalistes, professions libérales...) découvrent les charmes de la livraison à domicile.

Pour une commande minimale de 300 francs, Caditel promet à ses abonnés une livraison dans les vingt-quatre heures. Selon ses promoteurs, l'abonnement (500 francs par an et bientôt 40 francs par mois) permet de respecter scrupuleusement les délais et offre de multiples garanties au client. Tele-market, accessible également sur le serveur du « Monde », affirme viser une clientèle plus large en refusant la *« ségrégation de l'abonnement »*. Leurs prix sont cependant voisins : 10 % plus élevés que ceux des hypermarchés mais relativement proches des prix des grandes surfaces parisiennes. Leurs catalogues offrent une gamme étendue de produits d'épicerie, de boissons... avec de temps à autre des promotions ou des offres spéciales. *« Je passe mes commandes le soir, lorsque les enfants sont couchés*, dit Laure. *Fini les grandes expéditions familiales en auto. J'économise du temps et de l'essence. »* Le *« nouvel art de vivre »*, comme le souligne Caditel, n'est pas si marginal que cela quand l'on considère l'entrée en force des grands de la vente par correspondance sur le Minitel. La CAMIF, coopérative du personnel de l'Education nationale, reçoit plusieurs centaines de milliers de commandes par ce canal : 11 % de son chiffre d'affaires en 1986. La prise en compte des commandes s'accélère, les frais de gestion diminuent grâce à l'informatisation. Sont également présents la Redoute, les Trois-Suisses, France-Loisirs... A ces généralistes de la grande distribution se joignent quelques grandes marques : Yves Saint Laurent, Comtesse du Barry, Charles Jourdan, Fauchon et de nombreux services diversifiés : achats de vins chez le producteur, véhicules d'occasion, livraison de repas ou de gâteaux à domicile, voyages, transmission de cadeaux, appartements, animaux et même pierres précieuses.   *T. R.*

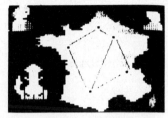

Voyage en Noémie

Par Guy Sitbon

Depuis la naissance du Minitel, sur la carte de France devrait figurer une centaine de nouvelles petites villes. Ce sont les services où les gens se retrouvent régulièrement. Vous êtes minitéliste, vous composez un code, disons « Noémie ». Vous allez rencontrer sur « Noémie » Brigitte, 27 ans ; professeur, divorcée, elle vit à Brest. Elle aime les voyages et le jardinage. Elle vous dira pourquoi elle a divorcé et elle vous avouera ce qu'elle n'a jamais osé confesser ni à son ex-mari, ni à aucune de ses amies intimes. Toujours sur « Noémie » vous ferez la connaissance de Patrick, 48 ans, ingénieur à Saint-Etienne. Patrick vous apprendra qu'il ne faut pas prendre pour argent comptant tout ce que raconte Brigitte. Elle fabule. En fait, elle n'a jamais été mariée avec le père de son enfant. Patrick a eu des informations sur Brigitte par Lucien, 36 ans, médecin, Strasbourg. Brigitte sait qu'il faut se méfier de Lucien. Il tombe amoureux de toutes les filles, et promet le mariage à toutes.

« Noémie » est un village où tout, et plus que tout, se sait. Dans ce village, nous sommes tous plus beaux, plus heureux, plus intelligents, plus..., plus... Nous nous donnons à voir tels que nous souhaiterions être et ça nous réchauffe tant le cœur !

Lorsque j'en ai assez de vivre avec les habitants de « Noémie », je pars en voyage. Il me suffit de taper sur la touche connexion-fin, de composer, disons, « RG », et je me téléporte en un dixième de clin d'œil dans une autre ville. J'y retrouve Jacques, Eric, Odile, d'autres amis, d'autres histoires, d'autres rêves.

Dans les villes Minitel, celles qu'aucune carte de France ne mentionne encore tant elles sont impalpables, les habitants se connaissent bien mieux, se rencontrent bien plus souvent, s'aiment et se détestent bien plus que dans les agglomérations répertoriées dans l'annuaire des communes.   *G. S.*

2-8 JANVIER 1987/ *47*

700 tissus, 80 modèles

Costard sur mesure

Manches : plutôt larges. Omoplates : seyantes. Dos : droit. Tissu : petits carreaux de flanelle. Je contrôle s'il y a assez de ce tissu en stock. Je donne mes mesures. J'envoie ma commande. Huit jours plus tard, je reçois mon veston. Entre les touches du Minitel et le paquet reçu, très peu d'humains sont intervenus. Car le Minitel est directement branché sur un ordinateur qui découpe (au laser) le tissu. Seules étapes où l'humain reste nécessaire : la couture des différents morceaux du patron et l'accueil du client dans un point de vente.

Cette technique est pour l'instant balbutiante. La firme Vestra la développe pour ses détaillants, en liaison avec son usine laser de Bischwiller (Alsace). Elle propose 700 tissus et 80 modèles différents, dont le style est renouvelé tous les six mois, selon la mode.

Certains magasins de confection américains ont acheté des Minitel français pour se brancher par satellite.

Pour l'avenir, on peut très facilement imaginer un système beaucoup plus perfectionné, sautant l'étape détaillant et l'étape couture des morceaux. La technologie existe déjà. Plus d'humains entre les touches du Minitel, les ordinateurs et la poste. Chacun pourrait alors, de chez lui, sélectionner ses couleurs et ses tissus préférés, dessiner et inventer sa propre mode... et attendre le facteur.   *B. W.*

Texte 1	*Texte 2*	*Texte 3*
corvée: travail fatigant qu'on est obligé de faire	**composez:** faites, tapez sur le Minitel	**costard:** costume d'homme, complet
pianoter: taper avec les doigts comme sur un piano	**avouera:** confessera	**omoplates:** épaules
cauchemar: mauvais rêve	**n'a jamais osé:** n'a jamais eu le courage	**seyantes:** qui vont bien
«branchés»: personnes à la mode	**prendre pour argent comptant:** croire naïvement	**veston:** veste de costume
livraison: (du verbe **livrer**) apporter chez le client la marchandise qu'il a payée	**fabule:** raconte des histoires qui sont le produit de son imagination	**étapes:** phases
abonnés: personnes qui ont payé un abonnement, souscription	**se méfier:** ne pas faire confiance	**patron:** modèle à partir duquel on fait un vêtement
délais: dates fixées pour livrer la marchandise	**nous nous donnons à voir:** nous nous montrons	**un point de vente:** un endroit où on vend le costume
viser: rechercher	**réchauffe tant le cœur:** réconforte, redonne du courage	**balbutiante:** à ses débuts, donc pas très perfectionnée
grandes surfaces: supermarchés	**j'en ai assez de:** je suis fatigué(e) de	**détaillants:** marchands de vêtements
gamme étendue: grande variété	**en un dixième de clin d'œil:** en quelques secondes	**de confection:** de vêtements
épicerie: alimentation	**agglomérations:** villes	**facteur:** personne qui apporte les lettres et les paquets à domicile
souligne: dit en insistant	**répertoriés:** dont il y a une liste	
chiffre d'affaires: total des ventes	**annuaire:** livre où il y a une liste	
prise en compte: fait de prendre en considération	**communes:** villes	
frais de gestion: coût de l'administration		
informatisation: équipement en ordinateurs		

Redoute, Les Trois-Suisses, France-Loisirs: grands magasins

Fauchon: célèbre magasin parisien d'épicerie fine

d'occasion: qui ont déjà servi, qui ne sont pas neufs

1. Regardez les titres et les images des trois textes de la page précédente (seulement les titres et les images). Chaque article parle d'un service que peut rendre le Minitel. Lisez le texte de la colonne de gauche ci-dessous et essayez de deviner de quel service parle le texte 1, le texte 2 ou le texte 3 (cochez la colonne).

	Texte 1	Texte 2	Texte 3
a. Le Minitel permet de commander des produits auprès de grands magasins et de se les faire livrer à la maison.	☐	☐	☐
b. Le Minitel permet de commander un complet coupé à votre taille.	☐	☐	☐
c. Le Minitel permet de communiquer avec d'autres personnes.	☐	☐	☐

Maintenant lisez rapidement les trois textes en vous aidant de la définition des mots donnée à la page 152. Les cases que vous avez cochées sont-elles les bonnes? Corrigez au besoin.

Dites aussi quel texte parle

	Texte 1	Texte 2	Texte 3
d. des utilisateurs du service en question	☐	☐	☐
e. des opérations à faire sur le Minitel pour obtenir le service	☐	☐	☐
f. des avantages qu'offre le service	☐	☐	☐

Pour vous justifier, soulignez dans les textes les passages qui vous ont permis de cocher la bonne case.

2. Relisez le texte 1 (la première colonne) et faites la liste des produits que l'on peut commander.

_____

_____

3. Relisez le texte 2 (la deuxième colonne).

   a. Quel paragraphe indique que les villes Minitel n'existent pas sur la carte de France?

   b. Relevez les renseignements que le journaliste donne sur l'identité des habitants de Noémie (écrivez des phrases complètes).

   Brigitte: elle a 27 ans, (continuez) _____

   _____

   _____

   Patrick: _____

   _____

   _____

   Lucien: _____

   _____

   _____

   Maintenant dites:

   c. ce que Patrick révèle sur Brigitte:

   Elle _____

   _____

d. ce que Brigitte révèle sur Lucien:

_____

_____

4. Relisez le texte 3 (troisième colonne).

a. Dites:

qui commande le complet: _____

qui coupe le complet: _____

qui coud le complet: _____

qui reçoit le client qui désire un complet: _____

Maintenant, barrez de la liste ci-dessus les «deux humains» que l'on pourra bientôt supprimer quand la technique sera perfectionnée.

b. Vous êtes vendeur chez un détaillant de la firme Vestra. Un client vient commander un complet. Vous répondez par **oui** ou par **non** aux questions suivantes du client et vous répondez correctement aux questions négatives.

	Oui	*Non*
Est-ce qu'on peut taper ses mesures sur le Minitel?	☐	☐
Est-ce que le complet est confectionné dans votre magasin?	☐	☐
Ma commande sera-t-elle envoyée à l'usine de confection par la poste?	☐	☐
Avez-vous des magasins à l'étranger?	☐	☐
N'y a-t-il qu'une seule sorte de tissu?	☐	☐
Est-ce que vous avez un seul modèle de complets?	☐	☐
Est-ce que je risque que mon complet ait une coupe démodée?	☐	☐

5. **Question-discussion.** Parmi les trois services dont parle *Le Nouvel Observateur*, quels sont ceux ou quel est celui que vous aimeriez utiliser? Pourquoi? Voyez-vous des inconvénients dans ces trois services?

6. **Question-simulation.** En groupes de quatre, imaginez que vous êtes les quatre personnages décrits dans le texte 2, c'est-à-dire Brigitte, Patrick, Lucien et la personne désignée par le pronom **vous**. Cette dernière personne **(vous)** communique à tour de rôle avec les trois autres minitélistes dans le but d'obtenir ou de faire des confidences ou des commérages sur les deux autres personnes.

V. Production libre

A. **Orale**

1. **Devinez de quel objet il s'agit.** Pensez à un objet que vous avez sur vous ou dans votre sac, ou dont vous vous servez fréquemment, ou à

un appareil de notre univers technologique contemporain. En groupes de trois ou quatre, devinez quel objet possède ou à quel objet pense chaque membre de votre groupe. Posez des questions sur la forme, les services..., en utilisant les structures suivantes:

a. la forme ou l'aspect de l'objet:

Il est noir / transparent...?

Il est en plastique...?

b. les services que rend l'objet:

Ça sert à quoi?

C'est pour quoi faire?

Quels services rend-il?

Quelles informations fournit-il?

c. le fonctionnement de l'objet:

On s'en sert comment?

Comment l'utilise-t-on?

d. les utilisateurs de l'objet:

Qui s'en sert?

Il te sert, toi-même, à faire quoi?

Tu t'en sers pour faire quoi?

e. le lieu et le moment où on utilise l'objet:

On s'en sert où? Et quand?

2. **Présentation d'un objet à la classe.** Apportez en classe un objet (gadget, outil, appareil...) et décrivez-le à votre voisin(e). Précisez son usage (à quoi il sert?) et son fonctionnement (comment on s'en sert). Démontez-le pour expliquer les différentes pièces qu'il comporte. Demandez à votre voisin(e) de le remonter.

3. **Vos objets-souvenirs.** Apportez en classe un objet auquel vous tenez beaucoup (livre, bibelot, bijou, vieil ours en peluche, vieux programme de théâtre...). En groupes de deux ou trois, décrivez-le et expliquez pourquoi vous vous êtes attaché(e) à cet objet. Quel souvenir, quelle aventure, quelle personne vous rappelle-t-il?

4. **Discussion sur l'utilisation de l'ordinateur**

a. Utilisez-vous l'ordinateur dans votre vie quotidienne ou dans votre vie professionnelle? Quels usages en faites-vous? Rend-il votre travail plus facile? Diminue-t-il votre temps de travail? Ou bien vous asservit-il? Demandez à votre voisin(e) et communiquez les réponses à la classe qui fera des commentaires sur le niveau d'informatisation des étudiants.

Pensez, par exemple, à l'utilisation...

—des services bancaires: les distributeurs de billets de banque, la gestion de comptes bancaires.

—des services bibliothécaires: le fichier sur ordinateur, le service de prêt informatisé

—des services de bureau: les machines à traitement de textes

—d'autres services professionnels, par exemple la réservation des places dans les agences de voyage, les robots de l'industrie automobile

—des jeux électroniques

b. Et les gadgets? Quels appareils électro-ménagers avez-vous dans votre cuisine? Et dans votre salle de bain, quels gadgets avez-vous? Lesquels utilisez-vous souvent? Pour quoi faire? Lesquels sont abandonnés dans un placard? Vous font-ils économiser du temps? Pourriez-vous vous en passer? Demandez à votre voisin(e) et communiquez les réponses à la classe.

Pensez, par exemple:

—au mixer

—à l'ouvre-boîte électrique

—au moulin à café électrique

—au lave-vaisselle

—au four à micro-ondes

—à la cocotte-minute

—au grille-pain

—au séchoir à cheveux

—au vibromasseur

—à la platine laser

5. **Inventez un récit de science-fiction.** En groupes de deux ou quatre, regardez d'abord l'image publicitaire ci-dessous. Imaginez…

a. le héros: Qui est le héros solitaire que vous voyez (imaginez son nom, sa profession, le siècle et la planète où il vit, ses vêtements…)?

b. son voyage interplanétaire: D'où est-il parti? Pour quelle raison? Comment a-t-il voyagé? Sur quelle planète est-il arrivé? Quel monde étrange observe-t-il? Décrivez les habitants de cette planète.

c. Maintenant imaginez un épisode violent du voyage de votre héros, par exemple une guerre : Quels êtres monstrueux l'attaquent? Décrivez leurs vêtements, leurs armes, le lieu d'où ils surgissent… Comment va-t-il s'en sortir? Avec quel engin de technologie avancée? Sur quelle machine s'enfuit-il? Où va-t-il? Où retourne-t-il?

d. **Racontez l'histoire.** Quand vous avez inventé une histoire, un membre de votre groupe la raconte à un autre groupe dont un membre raconte celle de son groupe. Utilisez le temps <u>présent</u>.

B. **Production écrite**

1. **Rédigez l'histoire que vous venez de raconter.** (Production orale 5.) Choisissez l'histoire que vous aimez le mieux (celle de votre groupe ou d'un autre groupe). Divisez l'intrigue en trois ou quatre sections. A la maison chaque étudiant écrit la section qui lui a été distribuée.

2. Comment imaginez-vous le monde après l'an 2000? Etes-vous pessimiste ou optimiste? Ecrivez un paragraphe pour répondre à cette question (environ 200 mots). Aidez-vous des deux questions reproduites ci-dessous et extraites d'un sondage réalisé auprès de jeunes Français par *L'Express* (9 octobre 1987).

Dites dans quel domaine (médecine, conquête de l'espace…) les nouvelles technologies auront des effets positifs ou négatifs et quelle transformation positive ou négative (vaincre le cancer, vaincre le sida…) elle apporteront.

En l'an 2000, diriez-vous que le développement des nouvelles technologies aura des effets positifs (1) ou négatifs (2) sur…*

	(1)	(2)
La médecine	95 %	5 %
La conquête de l'espace	88	8
Le commerce	86	10
L'information	85	11
La construction européenne	85	11
La place de la France dans le monde	81	14
La croissance économique	73	23
Les loisirs	70	23
Les médias	68	25
L'éducation	63	30
La nature du travail	61	33
L'intelligence	61	29
L'alimentation	58	38
La liberté	56	37
La communication entre les hommes	51	45
La démocratie	50	36
La participation des citoyens à la vie publique	47	39
L'emploi	43	55
La sauvegarde de certaines espèces animales	41	53
Les rapports entre les hommes dans le travail	40	53
Le bonheur des gens	37	50
La paix dans le monde	35	57
Les mentalités	32	59

Voici un certain nombre de transformations que les nouvelles technologies pourraient introduire dans notre vie quotidienne, dans la société et dans le monde en l'an 2000. Pour chacune d'elles, pouvez-vous dire si elle vous paraît souhaitable ou pas, possible ou pas ?

	SOUHAITABLE	POSSIBLE
Vaincre le cancer	100 %	84 %
Vaincre le sida	99	79
Développer l'énergie solaire	93	91
Développer l'énergie éolienne	92	85
Recevoir les chaînes de télévision du monde entier	92	92
Faire Paris-New York en deux heures	91	85
Consulter sur ordinateur les ouvrages de la Bibliothèque nationale	89	94
Développer l'énergie contenue au fond des océans	87	84
Construire des matériaux nouveaux dans l'espace	86	84
Vivre plus vieux	73	69
Modifier le climat de la Terre	64	39
Avoir une voiture à pilotage automatique	62	89
Vivre et travailler dans l'espace	59	63
Ne plus utiliser de billets de banque	55	75
Travailler sans papier	51	59
Faire ses courses sans sortir de chez soi	44	73
Pouvoir choisir le sexe de son enfant	36	73
Ne plus être obligé d'aller à l'école grâce à la télématique	35	79
Consulter son médecin à distance	31	57
Avoir des enfants surdoués grâce à la génétique	22	50
Pouvoir se passer de repas grâce à une pilule nutritive	17	69